Workbook/Testing Program for

MASTERING SPANISH

Workbook/Testing Program for MASTERING SPANISH

Fourth Edition

Laurel H. Turk
DePauw University

Aurelio M. Espinosa, Jr.
Stanford University

D. C. HEATH AND COMPANY
Lexington, Massachusetts Toronto

Published simultaneously in Canada.

Printed in the United States of America.

International Standard Book Number: 0-669-05396-1

PREFACE

This *Workbook/Testing Program* is a supplement to *Mastering Spanish,* Fourth Edition. It has been prepared to aid in the development of the student's ability to write correct Spanish and to strengthen his or her command of the grammatical structures presented in the text. In addition, the *Workbook/Testing Program* is a useful and convenient means to help the instructor and the student confirm the degree to which the material of the text has been assimilated. These aims are best achieved if the exercises in the *Workbook* are completed after the material has been studied and then mastered orally in class, as well as in the language laboratory.

For the most part, the *Workbook* includes dictation exercises, a wide variety of grammatical drills (with emphasis on the use of verbs), and a number of English sentences to be translated into Spanish. Attention is also given to the formation of original sentences and free composition in Spanish.

This edition of the *Workbook* has been completely revised. The exercises, which have been rewritten, are different from those in the text. A special section at the end of each of the lessons contains space for responses to the taped comprehension exercise that is included at the end of the tape for the respective lesson.

Note especially the inclusion of five achievement tests, each of which covers three lessons in the text. Space for responses to a taped comprehension exercise is included at the end of each test. Each of the comprehension exercises is based on the three lessons covered by each test.

The student may complete the achievement tests as a means of helping to determine the progress he or she is making in Spanish, unless the instructor wishes to use parts or all of them for regular testing; in this case the instructor will detach the pages from the *Workbook* at the beginning of the term or semester.

Space for name, section, and date on each sheet and perforated pages facilitate the handling of assignments.

Abbreviations used in the *Workbook/Testing Program* are:

f.	feminine	p(p).	page(s)
fam.	familiar	*pres.*	present
inf.	infinitive	*pret.*	preterit
m.	masculine	*sing.*	singular
pl.	plural	Ud(s).	usted(es)

CONTENTS

WORKBOOK

ACHIEVEMENT TESTS

WORKBOOK

Name . . . . Section . . . . Date . . . .

LECCIÓN PRIMERA

I. Dictado

Su profesor (profesora) va a leerles cinco o seis líneas (*lines*) de *Notas culturales I:*

Las diferencias se manifiestan especialmente en la pronunciación.

Gramaticalmente, el español de América es, en general, idéntico al de España y las diferencias tienen poca importancia.

En las Antillas, el suroeste de los Estados Unidos, México y la América Central, el influjo de Norteamérica ha introducido muchas palabras inglesas.

Cubanos, mexicanos, argentinos, puertorriqueños, etc., aun hablando y escribiendo con arreglo a las mismas normas, pronuncian de distintas maneras.

Para verificar (*check*) este ejercicio, abran su libro de texto (*Mastering Spanish*) a las páginas 34-36.

II. Para completar con la forma correcta del verbo entre paréntesis en el presente de indicativo:

Regular verbs:

1. (aprender) –¿ Aprenden ustedes español? –Sí, señor (señora, señorita),* nosotros aprendemos español. 2. (abrir) –¿ Abres tú la puerta? –Sí, yo abro la puerta. 3. (llevar) –¿ Llevan libros Isabel y Diana? –Sí, ellas llevan libros. 4. (necesitar) – Carlos, ¿ Necesitas tú un boleto? –Sí, yo necesito un boleto. 5. (escuchar) –¿ Escuchan ustedes el radio? –Sí, nosotros lo ~~escha~~ escuchamos a menudo. 6. (vivir) –¿ Vives tú cerca de la universidad? –Sí, yo vivo cerca de la universidad. 7. (escribir) –¿ escriben ustedes en la pizarra? –Sí, nosotros escribimos a veces en la pizarra. 8. (comer) –¿ comen aquí los estudiantes? –Sí, los estudiantes comen aquí.

*Hereafter only **Sí** or **No** will be used in the *Workbook,* but for politeness include **señor, señora,** or **señorita** in your response.

Irregular verbs:

9. (traer) –¿ . . . . tú otro cuaderno? –Sí, yo . . . . otro cuaderno. 10. (querer) –¿Quién . . . . comer ahora? –La profesora . . . . comer ahora. 11. (poder) –¿ . . . . nosotros asistir al concierto? –Sí, ustedes . . . . asistir al concierto. 12. (salir) –¿ . . . . tú de casa temprano? –Sí, yo . . . . de casa a las seis. 13. (conocer) –¿ . . . . usted al padre de José? –Sí, yo lo . . . . muy bien. 14. (saber) –¿ . . . . usted conducir? –Sí, yo . . . . conducir. 15. (ir) –¿ . . . . ustedes a estudiar en la biblioteca? –Sí, nosotros . . . . a estudiar allí dos horas. 16. (decir) –¿Le . . . . usted la verdad a Elena? –Sí, yo le . . . . la verdad siempre. 17. (estar) –¿Dónde . . . . Luis ahora? –Él . . . . en el parque ahora. 18. (dar) –¿Le . . . . tú libros a tu novia? –Sí, yo le . . . . libros a mi novia a veces. 19. (ser) –¿De qué país . . . . tú? –Yo . . . . de México. 20. (enviar) –¿Les . . . . tú tarjetas a tus padres? –Sí, yo les . . . . tarjetas a menudo.

Stem-changing verbs:

21. (pensar) –¿Qué . . . . hacer tú esta noche? –Yo . . . . escribir algunas cartas. 22. (recordar) –¿ . . . . usted la canción? – No, yo no la . . . . 23. (dormir) –¿ . . . . tú muchas horas? –Yo siempre . . . . unas siete horas. 24. (volver) –¿ . . . . ustedes a la biblioteca esta noche? –Sí, nosotros . . . . allá esta noche. 25. (repetir) –¿ . . . . ustedes las frases? –Sí, nosotros las . . . . a veces. 26. (preferir) –¿Qué . . . . ustedes, café o leche? –Nosotros . . . . café. 27. (pedir) –¿ . . . . tú otro cinta? –Sí, yo . . . . otra cinta. 28. (almorzar) –¿ . . . . usted en el centro? –No, yo . . . . aquí.

III. Para completar con la forma correcta del verbo entre paréntesis en el presente de indicativo:

1. Pablo, ¿(perder) . . . . tú el autobús a veces?
2. Nosotros no (pedir) . . . . leche a menudo.
3. ¿(Querer) . . . . ustedes jugar al tenis ahora?

4. Yo (escoger) .... esta pulsera.

5. ¿A qué hora (comenzar) .... la reunión?

6. ¿A qué hora (cerrar) .... Ramón el café?

7. Ustedes no (tener) .... que repetir las palabras.

8. Yo (empezar) .... a comprender la lección.

9. Mi hermano (traer) .... una revista a clase.

10. ¿A qué país (pensar) .... ellos ir?

11. ¿Cuánto (costar) .... el libro de francés?

12. Mi padre no (oír) .... muy bien.

IV. Para contestar afirmativamente en oraciones completas:

1. ¿Son ustedes estudiantes? ....
2. ¿Comienzas a trabajar? ....
3. ¿Piden ustedes dinero? ....
4. ¿Recuerdas el viaje? ....
5. ¿Vuelven ustedes temprano? ....
6. ¿Puedes esperar unos minutos? ....
7. ¿Quieren ustedes tomar notas? ....
8. ¿Traes tú muchas flores? ....
9. ¿Pones el mapa sobre la mesa? ....
10. ¿Vas a servir té? ....

V. Escriban los sustantivos en el plural, supliendo el artículo definido correspondiente:

1. foto	las fotos	6. canción	....
2. reloj	....	7. programa	....
3. cartel	....	8. viernes	....
4. mano	....	9. tocadiscos	....
5. plan	....	10. deporte	....

VI. Suplan el artículo indefinido cuando sea necesario:

1. La tía de Luisa es . . . . profesora. 2. Ella es . . . . profesora muy buena. 3. –¿Qué es aquella señorita? –Ella es . . . . estudiante. 4. –¿Quién es aquel señor? –Es . . . . médico mexicano. 5. Diana trae . . . . libro y . . . . cuaderno. 6. Hay . . . . quince revistas sobre la mesa. 7. ¿Hay . . . . mapas en la pared? 8. El profesor compra . . . . cinta y . . . . discos.

VII. Para escribir en español:

1. Louis and his friend John are students.

. . . .

2. Louis returns to his room and starts to study.

. . . .

3. John comes in; he wants to play tennis.

. . . .

4. Louis has an examination tomorrow and has to read several books.

. . . .

. . . .

5. He tells John that he can't accept his invitation.

. . . .

. . . .

6. John then says, "I plan to attend the concert this evening."

. . . .

. . . .

7. Margaret, Louis' girlfriend, lives near the park.

. . . .

. . . .

8. Louis often passes by his girlfriend's house.

. . . .

. . . .

9. When they have time, they have lunch downtown.

....

....

10. John's father has a car, and John knows how to drive.

....

....

11. John does not have much money and he has to work after class.

....

....

12. The Spanish teacher knows that at times John doesn't eat lunch.

....

....

VIII. Comprehension exercise (taped)

You will hear eight questions in Spanish using vocabulary contained in *Lección primera*. Answer each question in the space provided, in a complete sentence:

1. ....

....

2. ....

....

3. ....

....

4. ....

....

5. ....

....

6. ....

....

7. ....

....

8. ....

....

Name .... *Section* .... *Date* ....

LECCIÓN DOS

I. Contesten afirmativamente en español de dos maneras: primero, empleando la forma de mandato correspondiente a *Ud.*, y luego, empleando la forma correspondiente a *tú*.

MODELO: ¿Traigo las maletas? Sí, traiga Ud. las maletas.
Sí, trae (tú) las maletas.

1. ¿Leo la frase? Lea ud ....
   Lee ....
2. ¿Busco la revista? Busque ud ....
   Busca ....
3. ¿Cuento el dinero? Cuente ud ....
   Cuenta ....
4. ¿Voy a la reunión? Vaya ud ....
   Ve ....
5. ¿Empiezo el examen? empieza ud ....
   empieza ud ....
6. ¿Me acerco a la ventana? ~~me~~ se acerque ud ....
   acercarse ~~me~~ acerca ....

II. Escriban cada frase en español, expresando el mandato negativamente:

1. Termina (tú) el ejercicio. no termines ....
2. Abre (tú) la puerta. no abras ....
3. Vuelve (tú) al café. no vuelvas ....
4. Pon (tú) las cosas allí. no pongas ....
5. Levántate (tú) ahora. no te levantes ....
6. Sigue (tú) a Miguel. no sigas ....

III. Para escribir en español, empleando la forma correspondiente a *tú*, primero afirmativa y luego negativamente:

1. Bring the package tomorrow. ....

   ....
2. Repeat the words. ....

   ....
3. Do that again, please. ....

   ....
4. Listen to the radio. ....

   ....
5. Serve the cold drinks. ....

   ....
6. Get up early. ....

   ....

VI. Para cambiar a la forma de mandato correspondiente a *Uds*.:

1. Devolver la bicicleta. ....
2. Salir del cuarto. ....
3. Comenzar a cantar. ....
4. Cerrar los libros. ....
5. Enviar los regalos. ....
6. Sentarse ahora. ....

V. Para suplir *¿qué?* o *¿cuál(es)?*:

1. ¿........... maleta vas a escoger?
2. ¿........... planes tiene Pepe?
3. ¿........... de los jóvenes va a pagar?
4. ¿........... eres tú? ¿Estudiante?
5. ¿........... son las revistas de Juan?
6. ¿........... hacen ellos en el centro?

7. ¿ . . . . tal, señor Solís?

8. ¿ . . . . de las hermanas juega mejor?

VI. Completen las exclamaciones:

1. ¡ . . . . bien cantan los jóvenes!

2. ¡ . . . . día más hermoso!

3. ¡ . . . . nos alegramos de verlos!

4. ¡ . . . . guapos son ellos!

5. ¡ . . . . fiesta más agradable!

6. ¡ . . . . simpática es la profesora!

7. ¡ . . . . muchacha más bonita!

8. ¡ . . . . sentimos no poder comprar la guitarra!

VII. Suplan la *a* personal cuando sea necesario:

1. Conocemos . . . . los padres de Juan. 2. Mis tíos tienen . . . . dos hijos. 3. ¿Ves . . . . Margarita a menudo? 4. Esperamos . . . . la profesora. 5. Aquella señora trae . . . . varios paquetes. 6. Puedes comprar . . . . los libros en la librería. 7. ¿Saludas . . . . alguien? 8. ¿Desean ustedes visitar . . . . Colombia? 9. ¿ . . . . quiénes ayudan ustedes? 10. No deseamos . . . . nada.

VIII. Para escribir en español, substituyendo el verbo con la forma del presente de indicativo del verbo *estar* seguida del participio presente, según el modelo.

MODELO: Ana lee una carta. Ana está leyendo una carta.

1. Clara practica la canción. . . . .

2. Ellos juegan al fútbol. . . . .

3. Luisa envuelve el paquete. . . . .

4. ¿Almuerzan ellos ahora? . . . .

5. Inés explica la lección. . . . .

6. Repetimos las frases. . . . .

IX. Completen con la forma correcta de *conocer* o *saber*:

1. Deseamos . . . . el Cuzco.
2. ¿ . . . . tú hablar francés?
3. ¿ . . . . ustedes jugar al tenis?
4. ¿ . . . . usted la ciudad de Madrid?
5. ¿ . . . . ellos dónde vive el profesor?
6. ¿ . . . . Luis al padre de Ana?

X. Para escribir en español:

1. Come in (*pl.*), please, and hand in your compositions.

. . . .

. . . .

2. Put (*pl.*) your books on the table and wait a few minutes.

. . . .

. . . .

3. Don't write (*pl.*) the exercises on the chalkboard.

. . . .

. . . .

4. Which maps do you (*formal sing.*) prefer?

. . . .

. . . .

5. Many persons are at the meeting. What are they planning to do?

. . . .

. . . .

6. You (*fam. sing.*) have several cousins, and I don't know any (one) of them.

. . . .

. . . .

7. Do you (*fam. sing.*) know my friend Joe? He wants to visit Mexico soon.

. . . .

. . . .

8. "What do you (*fam. sing.*) think of his plan?" "What an interesting trip!"

   ....

   ....

9. What is Michael's brother? Is he a doctor?

   ....

   ....

10. We are completing the exercises with the correct forms.

    ....

    ....

11. Do you (*fam. sing.*) know my Peruvian friend Isabel?

    ....

    ....

12. Yes, and I know that she is going to arrive tomorrow.

    ....

    ....

XI. Comprehension exercise (taped)

You will hear eight questions in Spanish using vocabulary contained in this and the preceding lesson. Answer each question in the space provided, in a complete sentence:

1. ....

   ....

2. ....

   ....

3. ....

   ....

4. ....

   ....

5. ....

   ....

6. ....

....

7. ....

....

8. ....

....

Name .... *Section* .... *Date* ....

LECCIÓN TRES

I. Dictado

Su profesor (profesora) va a leerles cinco o seis líneas de *Notas culturales I*:

....

....

....

....

....

....

....

....

Para verificar este ejercicio, abran su libro de texto a las páginas 34–36.

II. Escriban cada frase, substituyendo el sustantivo en cursiva con el pronombre correspondiente y colocándolo correctamente:

1. ¿Dónde compras *el periódico*? ....
2. No solicito *la beca*. ....
3. No conocemos *la ciudad*. ....
4. ¿No sirve Ana *el café*? ....
5. ¿Ven ustedes *a los niños*? ....
6. ¿Compra tu tío *el coche*? ....
7. ¿Visitas *a Inés* a menudo? ....
8. Juan vende *el coche*. ....
9. ¿Vas a ver *la película*? ....
10. ¿Puedes llamar *a tus padres*? ....
11. Estoy escuchando *la cinta*. ....

12. Están leyendo *las revistas.* . . . .

13. Cierren ustedes *los libros.* . . . .

14. Abra usted *la ventana.* . . . .

15. No pierda usted *el autobús.* . . . .

16. Lleva *a María* al concierto. . . . .

17. Están buscando *al joven.* . . . .

18. Tráigame usted *el paraguas.* . . . .

19. No les compres *las flores.* . . . .

20. Inés va a sacar *las fotos.* . . . .

III. Contesten afirmativamente en español, substituyendo los sustantivos en cursiva con los pronombres correspondientes y colocándolos correctamente:

1. ¿Le envías *el dinero a José*? . . . .
2. ¿Le devuelve Ud. *la carta a Ana*? . . . .
3. ¿Me vendes *la bicicleta*? . . . .
4. ¿Nos traen Uds. *los lápices*? . . . .
5. ¿Te lavas *la cara*? . . . .
6. ¿Se ponen Uds. *los zapatos*? . . . .
7. ¿Están dándoles *el disco*? . . . .
8. ¿Vas a traernos *los cuadros*? . . . .
9. ¿Quieres enseñarles *el cuarto*? . . . .
10. ¿Estás contándole *el plan a Juan*? . . . .

IV. A. Contesten afirmativamente en frases completas, substituyendo el sustantivo en cursiva con el pronombre correspondiente, según el modelo.

MODELO: ¿Escribo *la carta*? Sí, escríbala Ud.

1. ¿Conduzco *el coche*? . . . .
2. ¿Sirvo *el café*? . . . .
3. ¿Llamo *a mis amigos*? . . . .
4. ¿Traigo *los cuadernos*? . . . .
5. ¿Envío *las tarjetas*? . . . .
6. ¿Pido *la cuenta*? . . . .

B. Contesten negativamente en frases completas, siguiendo el modelo.

MODELO: ¿Abrimos *los libros*? No, no los abran Uds.

1. ¿Despertamos *a Lucía*? . . . .
2. ¿Entregamos *los ejercicios*? . . . .
3. ¿Escogemos *las blusas*? . . . .
4. ¿Hacemos *el viaje*? . . . .
5. ¿Envolvemos *los regalos*? . . . .
6. ¿Buscamos *a Felipe*? . . . .

V. Escriban cada frase, substituyendo el sustantivo en cursiva con el pronombre correspondiente:

1. ¿Quién está charlando con *Ana*? . . . .
2. ¿Hay cuadros en *las paredes*? . . . .
3. ¿Vas a la reunión con *Juanita*? . . . .
4. Ellos corren hacia *la esquina*. . . . .
5. Pon la silla cerca de *la puerta*. . . . .
6. Juan se queja de *su coche*. . . . .
7. Luisa se acerca *al profesor*. . . . .
8. ¿Qué ponemos sobre *la mesa*? . . . .

VI. Para expresar en español:

1. George washes the car; then he washes his hands.

   . . . .

2. Put (*fam. sing.*) the shoes here; put them on.

   . . . .

3. John raises his hand and then gets up.

   . . . .

4. Don't awaken (*formal sing.*) the boys; they wake up early.

   . . . .

5. I can help him, but not Agnes.

. . . .

6. They don't dare to sit down near him.

. . . .

VII. Completen con la forma correcta del presente de indicativo del verbo *gustar*:

1. A nosotros nos . . . . escuchar discos mexicanos. 2. ¿Te . . . . a ti todos los deportes? 3. No nos . . . . mucho jugar al fútbol. 4. A Luisa le . . . . más esta pulsera. 5. A Lola le . . . . los libros sobre los problemas sociales. 6. ¿Les . . . . a Uds. esta película?

VIII. Para escribir en español:

1. I go to bed late and I fall asleep immediately.

. . . .

. . . .

2. They like Ann very much; they are always glad to see her.

. . . .

. . . .

3. What a pity! Aren't you (*fam. sing.*) going to put on your new dress?

. . . .

. . . .

4. You (*pl.*) may come in now and sit down near the window.

. . . .

. . . .

5. The lesson is interesting; Philip is studying it now.

. . . .

. . . .

6. We plan to show her the photos, but not him.

. . . .

. . . .

7. It seems that Louis and Paul are not having a very good time (*progressive*) today.

. . . .

. . . .

8. We are waiting for John; he gets dressed very slowly.

. . . .

. . . .

9. If you (*formal sing.*) meet the teacher (*f.*), speak to her about the new book.

. . . .

. . . .

10. (I'm) pleased to meet you (*formal m. sing.*); they tell me that you are Michael's doctor.

. . . .

. . . .

IX. Comprehension exercise (taped)

You will hear eight questions in Spanish using vocabulary contained in the first three lessons. Answer each question in the space provided, in a complete sentence:

1. . . . .

. . . .

2. . . . .

. . . .

3. . . . .

. . . .

4. . . . .

. . . .

5. . . . .

. . . .

6. . . . .

. . . .

7. ....

....

8. ....

....

Name .... *Section* .... *Date* ....

LECCIÓN CUATRO

I. Dictado

Su profesor (profesora) va a leerles cinco o seis líneas de *Notas culturales II:*

....

....

....

....

....

....

....

....

Para verificar este ejercicio, abran su libro de texto a las páginas 71-72.

II. Escriban las formas correspondientes del pretérito de indicativo:

	yo	usted	nosotros	ellos
dar	....	....	....	....
llegar	....	....	....	....
pedir	....	....	....	....
saber	....	....	....	....
sentir	....	....	....	....
venir	....	....	....	....

III. Para completar con la forma correcta del verbo entre paréntesis en el pretérito de indicativo:

1. Nosotros (tener) .... que salir de casa temprano.
2. Mis padres (hacer) .... un viaje a la Argentina.
3. ¿Te (traer) .... algo tu amigo?

4. Luisa no (poder) . . . . hallar el diccionario que necesitaba.

5. ¿(Estar) . . . . Ud. en la biblioteca dos horas?

6. (Ser) . . . . necesario llamar a Jaime por teléfono.

7. Yo te (buscar) . . . . para ir al cine.

8. Nadie (querer) . . . . comprar la bicicleta.

9. Nosotros (ir) . . . . de compras ayer.

10. ¿Qué te (decir) . . . . Tomás por fin?

IV. Para contestar afirmativamente en oraciones completas:

1. ¿Pagaste la cuenta? . . . .
2. ¿Buscaste las llaves? . . . .
3. ¿Empezaste el artículo? . . . .
4. ¿Jugó Ud. al tenis ayer? . . . .
5. ¿Almorzó Ud. en el café? . . . .
6. ¿Trajeron Uds. los discos? . . . .
7. ¿Se pusieron Uds. el abrigo? . . . .
8. ¿Hicieron Uds. muchas compras? . . . .
9. ¿Le dijeron Uds. la verdad? . . . .
10. ¿Durmieron Uds. la siesta? . . . .

V. Cambien la forma del verbo al pretérito de indicativo:

1. Inés y yo no podemos (. . . . .) ir al concierto.

2. Yo ando (. . . . .) por el parque por la mañana.

3. Enrique tiene (. . . . .) que invitar a sus amigos.

4. Inés y yo vamos (. . . . .) al centro en autobús.

5. Yo cuelgo (. . . . .) los mapas en la pared.

6. El abogado no quiere (. . . . .) aceptar el dinero.

7. ¡Qué interesante es (. . . . .) el viaje!

8. ¿A qué hora cierran (. . . . .) la biblioteca?

9. Elena y Diana leen (. . . . .) toda la lección.

10. Por fin Pablo sabe (. . . . .) la verdad.
11. Isabel pone (. . . . .) las flores sobre la mesa.
12. ¿Oyen (. . . . .) Uds. el timbre?
13. Luisa sigue (. . . . .) asistiendo a los conciertos.
14. Mis hermanos no me piden (. . . . .) nada.
15. Jaime se divierte (. . . . .) en la reunión.
16. Saco (. . . . .) muchas fotos de mi novia.

VI. Cambien la forma del verbo al imperfecto de indicativo:

1. Carlos me dijo que va (. . . . .) a practicar ese deporte.
2. Pensamos (. . . . .) quedarnos allí hasta la una.
3. Casi siempre hay (. . . . .) estudiantes en el café.
4. La bicicleta que compré es (. . . . .) muy mala.
5. Yo veo (. . . . .) a mi novia todos los días.
6. María no sabe (. . . . .) contestar en español.
7. Llueve (. . . . .) mucho en el mes de febrero.
8. Son (. . . . .) las nueve de la noche, más o menos.
9. Algunos de los profesores están (. . . . .) ocupados.
10. Compramos todos los libros que necesitamos (. . . . .).

VII. Para completar con la forma correcta de *preguntar* o *pedir*:

1. ¿Quién te (*pret.*) . . . . si yo sabía conducir? 2. Ana me llamó para (*inf.*) . . . . por la lección. 3. No me gusta el cuarto; pienso (*inf.*) . . . . algunos cambios. 4. La joven me (*pret.*) . . . . si yo conocía la ciudad. 5. Luego ella me (*pret.*) . . . . un mapa. 6. No me gusta (*inf.*) . . . . favores.

VIII. Para escribir en español:

1. "Does Mary know how to drive?" "Ask (*formal sing.*) her."

. . . .

2. "Did you (*fam. sing.*) tell the teacher (*f.*) that?" "No, I didn't tell (it to) her."

. . . .

. . . .

3. They stayed downtown until one o'clock in the morning.

. . . .

. . . .

4. We made three trips to Mexico last year.

. . . .

. . . .

5. It started to rain while I was driving my car last night.

. . . .

. . . .

6. Henry was eating supper when I entered his room.

. . . .

. . . .

7. My cousins used to go to church every Sunday; they often arrived late.

. . . .

. . . .

8. I invited Helen to go to the theater with me, but she was ill.

. . . .

. . . .

9. Agnes told us that James was a doctor.

. . . .

10. When I called Mary by telephone yesterday afternoon, no one answered.

. . . .

. . . .

11. I wrote her that I was going to visit her soon.

. . . .

. . . .

12. When I was young, I would often go shopping with my father.

....

....

IX. Comprehension exercise (taped)

You will hear ten statements based on the material in *Notas culturales I.* For each statement, circle ***sí*** if it is correct, ***no*** if it is incorrect.

1. sí no
2. sí no
3. sí no
4. sí no
5. sí no
6. sí no
7. sí no
8. sí no
9. sí no
10. sí no

Name .... *Section* .... *Date* ....

LECCIÓN CINCO

I. Dictado

Su profesor (profesora) va a leerles cinco o seis líneas de *Notas culturales II*.

....

....

....

....

....

....

....

....

Para verificar este ejercicio, abran su libro de texto a las páginas 71-72.

II. A. Escriban las formas correspondientes del pretérito perfecto de indicativo:

	yo	él, ella, usted	nosotros
abrir	....	....	....
decir	....	....	....
hacer	....	....	....
leer	....	....	....
ver	....	....	....

B. Escriban las formas correspondientes del pluscuamperfecto de indicativo:

	tú	él, ella, usted	ellos, ellas, ustedes
ir	....	....	....
oír	....	....	....
poner	....	....	....

traer . . . .

volver . . . .

III. Para completar con la forma correcta de *estar* o *ser* en el presente de indicativo o en el tiempo indicado:

1. . . . . las tres y media y Marta . . . . en la oficina del médico. 2. Marta, que . . . . estudiante, ... enferma hoy. 3. Muchas personas . . . . esperando al médico; él siempre . . . . muy ocupado. 4. Marta, que . . . . una joven muy simpática, ... estudiando en la universidad. 5. Ella . . . . muy contenta con los cursos que . . . . tomando. 6. Lo bueno . . . . que algunas de sus clases . . . . pequeñas. 7. Marta . . . . colombiana; . . . . muy lista. 8. El profesor sabe que los padres de Marta . . . . de Colombia y que su madre . . . . escritora. 9. Estos cuentos, que . . . . escritos en español, ... muy interesantes. 10. Ya . . . . las once de la noche. ¿. . . . . lloviendo todavía? 11. La hermana de Enrique . . . . sentada en el patio porque ella . . . . muy cansada. 12. Mi novia . . . . rubia; ella . . . . en el centro hoy. 13. Allí . . . . donde vive el abogado; su casa . . . . bonita. 14. Este reloj . . . . de Laura; . . . . de oro. 15. Aquella mujer . . . . mexicana; . . . . una artista muy distinguida. 16. Felipe, que . . . . muy joven, ... bastante alto. 17. –¿Qué hora . . . .? –. . . . . la una en punto. 18. Aunque la nieve . . . . fría, el café . . . . caliente. 19. El almuerzo . . . . bien preparado; (*pret.*) . . . . preparado por la madre de Inés. 20. Estos edificios . . . . nuevos; (*pret.*) . . . . construidos el año pasado. 21. –¿De qué país . . . . el señor Blanco? –Él . . . . de España. 22. –¿De qué ciudad . . . . Uds.? –Nosotros . . . . de San José. 23. Ya . . . . tarde, pero Laura . . . . en el baile todavía. 24. . . . . temprano, pero nosotros . . . . listos para ir al aeropuerto. 25. Este coche . . . . viejo, pero . . . . muy bueno.

IV. Escriban oraciones originales en español, empleando la forma correcta de *estar* o *ser* en el presente de indicativo con las palabras y expresiones siguientes.

MODELO: abogado El señor López es abogado.

1. contento, -a ....
2. cerca del río ....
3. trabajando ahora ....
4. mexicano, -a ....
5. de Madrid ....
6. triste ....
7. sentado, -a ....
8. azul ....

V. Escriban las oraciones otra vez empleando la construcción reflexiva:

1. Cerraron el restaurante muy temprano.

   ....

2. Venden libros extranjeros en la librería.

   ....

3. Aquí no conocen bien el arte español.

   ....

4. Prepararon el examen en esta oficina.

   ....

5. ¿A qué hora sirven el almuerzo en tu casa?

   ....

6. ¿Trabajan mucho durante las vacaciones?

   ....

7. ¿Por fin recibieron el dinero?

   ....

8. ¿Necesitan más tiempo para terminar el trabajo?

   ....

VI. Para expresar en español:

1. It is a quarter after two. . . . .
2. It is nine A.M. sharp. . . . .
3. It is two o'clock in the morning. . . . .
4. They stayed until six o'clock. . . . .
5. She returned at a quarter to nine. . . . .
6. It is ten minutes to four. . . . .
7. It was half past eleven. . . . .
8. Come (*fam. sing.*) at ten o'clock. . . . .

VII. Para completar con la forma del verbo que corresponda a *to take* en el pretérito de indicativo:

1. Carlos y Diana . . . . una excursión a la playa.
2. Elena . . . . muchas fotos ayer por la tarde.
3. Ricardo . . . . a su novia al baile.
4. ¿A qué hora . . . . tú el desayuno?
5. ¿. . . . . Ud. un paseo el domingo pasado?
6. Luis . . . . una hora en llegar a la iglesia.
7. ¿. . . . . Ud. la siesta esta tarde?
8. Ana y yo . . . . el avión de la tarde.

VIII. Para escribir en español:

1. Many French books are read in Argentina.

   . . . .

   . . . .

2. What courses are taken during the first year?

   . . . .

   . . . .

3. Several letters which are written in Spanish have been brought to our office.

   . . . .

   . . . .

4. The program was prepared by the students.

. . . .

. . . .

5. The program is not prepared yet.

. . . .

. . . .

6. We had seen many large planes at the airport.

. . . .

. . . .

7. They intended to leave at quarter after one.

. . . .

. . . .

8. John has found the book that he had left on the bus.

. . . .

. . . .

9. Had you (*formal sing.*) known that Mary was ill?

. . . .

. . . .

10. The students were already seated when I entered.

. . . .

. . . .

11. The teacher (*m.*) has told us that the examination is not difficult.

. . . .

. . . .

12. It was half past twelve and I hadn't been able to write to my parents.

. . . .

. . . .

. . . .

IX. Comprehension exercise (taped)

You will hear ten incomplete sentences in Spanish based on the material in *Notas culturales I.* Write in the space provided the word or phrase that best completes each sentence:

1. ....
2. ....
3. ....
4. ....
5. ....
6. ....
7. ....
8. ....
9. ....
10. ....

Name . . . . *Section*. . . . . *Date* . . . .

LECCIÓN SEIS

I. Para completar, supliendo el artículo definido cuando sea necesario:

1. Buenas tardes, ... señorita López.
2. A nosotros nos gusta . . . . arte español.
3. Se dice que . . . . vida en . . . . Perú es interesante.
4. Luis se quedó en . . . . centro hasta . . . . una.
5. . . . . profesor Díaz pagó cinco dólares por . . . . almuerzo.
6. Laura ha vivido en . . . . Brasil, pero no habla . . . . portugués.
7. ¿Qué prefiere Ud. tomar para . . . . desayuno, ... señora Moreno?
8. Creo que . . . . don Ramón prefiere tomar . . . . café.
9. Enrique fue a . . . . Colombia . . . . mes pasado.
10. ¿Desean Uds. pasar todo . . . . día en . . . . campo?
11. Ellos volvieron en . . . . avión de . . . . cinco.
12. Como hoy es . . . . domingo, vamos a . . . . iglesia.
13. Juan vuelve de . . . . Habana . . . . lunes.
14. A . . . . señorita Ortiz le gustan . . . . flores.
15. Ellas pensaban venir . . . . semana pasada.
16. Mi hermana tiene . . . . pelo rubio.
17. En México yo dormía . . . . siesta todas . . . . tardes.
18. . . . . profesora de . . . . español habla bien . . . . francés.
19. . . . . señora Gómez va a preparar . . . . ensalada.
20. Parece que . . . . doña Luisa ha comprado algunos discos de . . . . música mexicana.

II. Suplan el artículo indefinido cuando sea necesario:

1. ¿Es . . . . ingeniero el hermano de Lupe?
2. Ricardo no lleva . . . . abrigo hoy.

3. Nosotros necesitamos . . . . mil pesos, más o menos.

4. Tráigame Ud. . . . . otra taza de té, por favor.

5. –¿Qué es aquel señor? –Dicen que es . . . . abogado.

6. –¿Quién es aquella señorita? –Es . . . . artista distinguida.

7. –¿Busca Ud. . . . . casa? –No, tengo . . . . cuarto en la residencia de estudiantes.

8. Yo sé que . . . . cierto joven pasó . . . . hora y . . . . media allí.

9. Nunca se ha visto tal . . . . cosa en . . . . programa de televisión.

10. ¡Qué. . . . . . . lástima! Comienza a llover y he salido sin . . . . paraguas.

III. Usos del artículo definido. Escriban en español:

1. I think that they like autumn best.

. . . .

2. Is Professor Blanco in his office?

. . . .

3. The Spanish teacher says that Spanish is easy.

. . . .

4. Does Mrs. Gómez plan to leave on Monday?

. . . .

5. Miss López has red hair.

. . . .

6. Louis speaks French very well.

. . . .

7. Children like to go to school.

. . . .

8. We do not go to church on Saturday.

. . . .

9. Mr. Castro has asked me for a hundred dollars.

. . . .

10. Mrs. Blanco, you (*formal sing.*) may take off your shoes now.

. . . .

IV. La concordancia de los adjetivos. Escriban contestaciones, siguiendo el modelo.

MODELO: La muchacha es alta. ¿Y los muchachos? Los muchachos son altos también.

1. Este disco es nuevo. ¿Y aquellas cintas?

....

2. Estos jóvenes son mexicanos. ¿Y aquella señorita?

....

3. Este vaso es pequeño. ¿Y aquellas tazas?

....

4. Estas flores son hermosas. ¿Y aquel árbol?

....

5. Juan es listo. ¿Y su hermana?

....

6. Marta es habladora. ¿Y Ramón?

....

7. El padre de Luis es español. ¿Y su madre?

....

8. Esta pluma es buena. ¿Y los lápices?

....

9. Ricardo es rubio. ¿Y sus primas?

....

10. Este señor es extranjero. ¿Y aquellas señoras?

....

V. La colocación y la concordancia de los adjetivos. Combinen en una sola frase, como en el modelo.

MODELO: nuestro, blanco – casa nuestra casa blanca

1. aquel, blanco – paredes ....
2. este, cómodo – silla ....
3. ciento, mil – dólares ....

4. este, español – ciudad ....
5. aquel, hermoso – lugares ....
6. mucho, enfermo – personas ....
7. otro, distinguido – abogado ....
8. uno, interesante – programa ....
9. alguno, mexicano – canción ....
10. este, moderno – capital ....

VI. Escriban en español, siguiendo el modelo.

MODELO: June 2, 1983 el dos de junio de mil novecientos ochenta y tres

1. July 4, 1777 ....
....
2. January 1, 1558 ....
....
3. February 15, 1635 ....
....
4. September 16, 1810 ....
....
5. December 7, 1942 ....
....
6. April 30, 1984 ....
....

VII. Para escribir en español:

1. Six very happy students are (found) in the classroom.
....
2. Seven hundred persons attended the concert.
....
3. The town has some five thousand inhabitants.
....

4. My roommate (*m.*) had little interest in Spanish music.

. . . .

5. We would see Mr. Gómez in church on Sundays.

. . . .

6. Since I had lost my watch, I arrived at school late.

. . . .

7. Although Miss Ortiz is from Uruguay, she knows modern Spain well.

. . . .

. . . .

8. Since I like flowers, my boyfriend often sends me roses.

. . . .

. . . .

9. A certain girl brought me another cup of coffee.

. . . .

. . . .

10. After lunch, we spoke about several interesting things.

. . . .

. . . .

11. This distinguished Colombian author is an old friend of our teacher (*m.*).

. . . .

. . . .

12. During the first month of the semester, it seemed that we had a magnificent team.

. . . .

. . . .

VIII. Comprehension exercise (taped)

You will hear eight questions in Spanish based on the material in *Notas culturales I.* Answer each question in the space provided, in a complete sentence:

1. . . . .

. . . .

2. ....

....

3. ....

....

4. ....

....

5. ....

....

6. ....

....

7. ....

....

8. ....

....

LECCIÓN SIETE

I. Dictado

Su profesor (profesora) va a leerles cinco o seis líneas de *Notas culturales III:*

. . . .

. . . .

. . . .

. . . .

. . . .

. . . .

. . . .

. . . .

Para verificar este ejercicio, abran su libro de texto a las páginas 107-108.

II. Para suplir la preposición correcta cuando sea necesario:

1. Pepe ha comenzado . . . . participar en la clase.
2. Ellos tardaron . . . . llegar a la escuela.
3. No dejen Uds. . . . . felicitar a Laura.
4. Es difícil . . . . escoger entre los dos deportes.
5. Nos olvidamos . . . . ir al gimnasio.
6. El profesor ha mandado . . . . llamar a Tomás.
7. ¿Oíste . . . . cantar a Margarita?
8. ¿Quién te ayudó . . . . preparar el almuerzo?
9. Luisa trató . . . . terminar el artículo anoche.
10. Miguel me enseñó . . . . tocar la guitarra.
11. Vuelva Ud. . . . . practicar esta tarde.
12. ¿Cuándo aprendieron Uds. . . . . jugar al tenis?

13. Nos alegramos . . . . verlos en el concierto.

14. Hicimos . . . . poner todas las cosas en mi cuarto.

15. Ellos insisten . . . . cobrar el cheque en seguida.

16. Decidimos . . . . almorzar antes de salir.

17. ¿Pudiste . . . . sacar fotos del equipo de fútbol?

18. Clara acaba . . . . escribir la composición.

19. Lola ya tiene muchos deseos . . . . volver a España.

20. Permítanme Uds. . . . . invitar a mi amigo Jaime.

III. Formen oraciones en español usando un infinitivo después de las expresiones siguientes:

1. acordarse (ue) de . . . .

. . . .

2. atreverse a . . . .

. . . .

3. consentir (ie, i) en . . . .

. . . .

4. dejar de . . . .

. . . .

5. empezar (ie) a . . . .

. . . .

6. invitar a . . . .

. . . .

IV. Para suplir la forma correcta de *estar, haber, hacer, ser* o *tener* en el presente de indicativo:

1. No . . . . nubes en el cielo; . . . . despejado. 2. A veces . . . . niebla por la mañana y . . . . mucho frío. 3. Esta noche . . . . luna y no . . . . mucho fresco. 4. ¿. . . . . Uds. sed? ¿. . . . . ganas de tomar algo? 5. Uds. . . . . razón; mi hermano . . . . miedo del agua. 6. Aunque la nieve siempre . . . . fría, el agua para el té . . . . caliente. 7. Uds. . . . . mala suerte;

. . . . mal tiempo hoy. 8. . . . . lloviendo y . . . .

lodo en las calles. 9. . . . . mucho viento esta tarde y yo . . . .

mucho frío. 10. Los estudiantes . . . . calor, y . . . . cansados

también. 11. . . . . neblina esta mañana y . . . . hielo en la

carretera. 12. . . . . necesario . . . . mucho cuidado.

V. Para completar, empleando el equivalente de las palabras *some* o *any* cuando sea necesario:

1. Marta ha comprado . . . . guantes bonitos.
2. Esperamos visitar Puerto Rico . . . . día.
3. No conocemos a . . . . de aquellas muchachas.
4. ¿Hay . . . . flores en el jardín ahora?
5. Estamos seguros de que . . . . persona va a ayudarnos.
6. No tengo . . . . dinero este mes y necesito comprar . . . . cosas.
7. ¿Dejaron Uds. . . . . paquetes en el coche?
8. No hay . . . . nubes en el cielo hoy.
9. Juan ha prometido traer . . . . discos.
10. Tenemos que preparar una carta de . . . . cien palabras.
11. Sin duda . . . ., ellos tienen que darse prisa.
12. . . . . señoritas van a servir los postres.

VI. Usos de las palabras *some* o *any*. Escriban en español:

1. Louis has to buy some newspapers.

   . . . .

2. Anyone of us (at all) can meet Helen at the airport.

   . . . .

3. Some day we are going to study French.

   . . . .

4. Some fifty teachers arrived last night.

   . . . .

5. Are there any foreign students at the university?

. . . .

6. Some of the girls are going to prepare the salad.

. . . .

7. We don't plan to serve any refreshments.

. . . .

8. Without any doubt (whatever), John is going to graduate in June.

. . . .

VII. Usos de las palabras indefinidas y negativas. Para contestar negativamente en español:

1. ¿Han estado Uds. alguna vez en el Uruguay?

. . . .

2. ¿Sabe la verdad alguna de las jóvenes?

. . . .

3. ¿Vas a tomar café o té?

. . . .

4. ¿Ha traído Ud. algo para los niños?

. . . .

5. ¿Van ellos a llevar a alguien al aeropuerto?

. . . .

6. ¿Ha pasado alguna persona por la oficina?

. . . .

7. ¿Invitó Ud. a alguno de los profesores?

. . . .

8. ¿Han encontrado Uds. algo de interés?

. . . .

9. ¿Ha sido algo difícil el examen?

. . . .

10. ¿Siempre pides algo a alguien?

. . . .

Name . . . . *Section* . . . . *Date* . . . .

VIII. Para escribir en español:

1. Upon seeing Clara, I invited her to go to the dance with me.

. . . .

. . . .

2. After leaving the restaurant, I dropped by James' room.

. . . .

. . . .

3. I hoped to be able to go to the bookstore with you (*fam. sing.*).

. . . .

. . . .

4. The employee told me that it was necessary to get the license.

. . . .

. . . .

5. Let (*formal sing.*) me put the packages on the chair.

. . . .

. . . .

6. It's bad weather today, and we are hungry and cold.

. . . .

. . . .

7. You (*pl.*) are right; it was very dusty there.

. . . .

. . . .

8. We are sure that it is very cold at the beach.

. . . .

. . . .

9. The doctor left the room without deciding anything.

. . . .

. . . .

10. Do you (*formal sing.*) know any (one) of the Spanish teachers?

. . . .

. . . .

IX. Comprehension exercise (taped)

You will hear ten statements based on the material in *Notas culturales II.* For each statement, circle **sí** if it is correct, **no** if it is incorrect:

1. sí no	6. sí no
2. sí no	7. sí no
3. sí no	8. sí no
4. sí no	9. sí no
5. sí no	10. sí no

Name . . . . *Section* . . . . *Date* . . . .

LECCIÓN OCHO

I. Cambien la forma del verbo al futuro de indicativo:

1. ¿Esperan (. . . . .) Uds. el autobús?
2. ¿Come (. . . . .) Luisa a las siete?
3. ¿Escribimos (. . . . .) en la pizarra?
4. Yo tomo (. . . . .) café.
5. Tú no comprendes (. . . . .) la frase.
6. Uds. necesitan (. . . . .) más tiempo.
7. Ricardo comienza (. . . . .) a escribir.
8. Yo almuerzo (. . . . .) temprano.
9. Ramón juega (. . . . .) al fútbol.
10. Margarita no duerme (. . . . .) mucho.
11. Todos repiten (. . . . .) las palabras.
12. ¿No pides (. . . . .) nada?

II. Para completar con la forma correcta del verbo entre paréntesis en el futuro de indicativo:

1. (salir) –¿ . . . . Uds. antes de las doce? –Sí, nosotros . . . . a las once y media. 2. (tener) –¿ . . . . tú y Carlos tiempo para ayudarnos? –Sí, ... tiempo para ayudarlos mañana. 3. (poner) –¿ . . . . Ud. el tocadiscos sobre la mesa? –Sí, yo lo . . . . allí. 4. (querer) –¿ . . . . Uds. tomar el desayuno a las ocho? –No, no . . . . tomarlo hasta más tarde. 5. (poder) –¿ . . . . Uds. llevarnos al aeropuerto? –Sí, ... llevarlos al aeropuerto. 6. (hacer) –¿ . . . . tú lo que me prometiste? –Sí, yo lo . . . . esta noche. 7. (decir) –¿Les . . . . tú la verdad? –Sí, yo les . . . . lo que he hecho. 8. (venir) –¿ . . . . Jorge y Elena al baile? –Sí, ellos . . . . a las ocho y media.

III. Para escribir en español:

1. We'll return at once (*two ways*).

 . . . .

 . . . .

2. They are going to start today.

 . . . .

3. We are to (are supposed to) return to Mary's house.

 . . . .

 . . . .

4. Philip won't say anything.

 . . . .

5. It is necessary to finish the exercises (*two ways*).

 . . . .

 . . . .

6. There were many players on the tennis court.

 . . . .

 . . . .

7. I must write to my girlfriend tonight.

 . . . .

8. Will you (*fam. sing.*) play tennis with me this afternoon?

 . . . .

 . . . .

IV. Para completar con la forma correcta del verbo entre paréntesis en el condicional de indicativo:

1. Yo creía que tú (saber) . . . . jugar al tenis.
2. (Valer) . . . . más escoger el reloj de oro.
3. José y Ana dijeron que (tener) . . . . tiempo para ir al centro.
4. Ellos preguntaron si (hacer) . . . . frío en ese mes.
5. Estábamos seguros de que Luis (venir) . . . . a la reunión.

6. Pepe creía que su amiga (poner) . . . . la televisión.
7. Sabíamos que Jorge no (decir) . . . . nada.
8. ¿(Poder) . . . . nosotros salir en el avión de las tres?

V. Cambien el verbo al futuro perfecto y al condicional perfecto de indicativo:

1. Ellos van (. . . . ., ...) al supermercado.
2. Yo puedo (. . . . ., ...) hacer el viaje.
3. Laura escribe (. . . . ., ...) varias cartas.
4. Ellos no ven (. . . . ., ...) el periódico.
5. ¿Qué regalo te dan (. . . . ., ...) tus padres?
6. Tú tienes (. . . . ., ...) tiempo para practicar.
7. ¿Le devuelve (. . . . ., ...) Ud. el dinero?
8. ¿Quiénes dícen (. . . . ., ...) eso?

VI. Usos de los tiempos para expresar probabilidad. Para escribir en español:

1. I wonder what time it was. . . . .
2. It was probably windy. . . . .
3. Where can John have gone? . . . .
4. The plane must have left. . . . .
5. Ann is probably at home. . . . .
6. Where do you suppose Mary works? . . . .

VII. Para escribir en español:

1. The students will make a long excursion this weekend.

   . . . .

   . . . .

2. Helen has probably written to her parents about the plans.

   . . . .

   . . . .

3. They will have enough time to visit all the places of interest.

. . . .

. . . .

4. We will put the things in the car on Friday.

. . . .

. . . .

5. I wonder whether we can get up early; we leave at six A.M.

. . . .

. . . .

6. Agnes knew that we would not leave without her.

. . . .

. . . .

7. Laura said that there would be a lot of snow in some places.

. . . .

. . . .

8. Since the roads are very bad, it would be more comfortable to go in the university bus.

. . . .

. . . .

9. Louise would like to go with us, but she has to study for an examination.

. . . .

. . . .

10. We are sure that Martha would prefer to go shopping.

. . . .

. . . .

11. There must be many interesting stores in this city.

. . . .

. . . .

12. Did Henry say that he would visit us again next month?

. . . .

. . . .

Name . . . . Section . . . . Date . . . .

VIII. Repaso de las formas de mandato. Escriban contestaciones afirmativas y negativas, empleando formas de mandato con *Ud.*, substituyendo el sustantivo con el prononbre correspondiente, como en el modelo.

MODELO: ¿Pongo *el paquete* aquí? Sí, póngalo Ud. allí.
No, no lo ponga Ud. allí.

1. ¿Repito *la frase*? . . . .

. . . .

2. ¿Escojo *las canciones*? . . . .

. . . .

3. ¿Traigo *la cámara*? . . . .

. . . .

4. ¿Conduzco *el coche*? . . . .

. . . .

5. ¿Pago *la cuenta*? . . . .

. . . .

6. ¿Empiezo *el ejercicio*? . . . .

. . . .

IX. Comprehension exercise (taped)

You will hear ten incomplete sentences in Spanish based on the material in *Notas culturales II.* Write in the space provided the word or phrase that best completes each sentence:

1. . . . .
2. . . . .
3. . . . .
4. . . . .
5. . . . .
6. . . . .
7. . . . .
8. . . . .
9. . . . .
10. . . . .

Name . . . . Section . . . . Date . . . .

LECCIÓN NUEVE

I. Dictado

Su profesor (profesora) va a leerles cinco o seis líneas de *Notas culturales III:*

. . . .

. . . .

. . . .

. . . .

. . . .

. . . .

. . . .

. . . .

Para verificar este ejercicio, abran su libro de texto a las páginas 107-108.

II. Para completar con las formas correctas del verbo entre paréntesis en el presente de subjuntivo:

1. (abrir) Yo quiero que tú lo . . . ., pero Juan quiere que nosotros lo . . . . 2. (empezar) –¿Quieres tú que él . . . .? –No, quiero que ellos . . . . 3. (ver) –¿Quiere Ud. que ella lo . . . .? –No, quiero que nosotros lo . . . . 4. (escoger) –¿Quiere él que nosotros lo . . . .? –No, él quiere que ella lo . . . . 5. (pedir) –¿Quieres que nosotros lo . . . .? –Sí, quiero que Uds. lo . . . . 6. (dar) –Nosotros queremos que tú nos lo . . . ., pero tú quieres que ellos nos lo . . . . 7. (decir) –Ellos quieren que yo se lo . . . ., pero yo quiero que tú se lo . . . . 8. (ir) –¿Quieren Uds. que ellos . . . .? –No, nosotros queremos que Laura . . . . 9. (saber) –¿Quiere Juan que yo lo . . . .? –No, él quiere que nosotros lo . . . . 10. (acercarse) –¿Quiere Ana que Carlos y Ricardo . . . . –No, ella quiere que nosotros . . . .

III. Para contestar afirmativa y negativamente, empleando formas de mandato con *Ud.* o *Uds.* como sujeto.

MODELOS: ¿Llamo a Juan? Sí, llame Ud. a Juan. No, no llame Ud. a Juan.
¿Le pedimos algo? Sí, pídanle Uds. algo. No, no le pidan Uds. nada.

1. ¿Explico la teoría? ....
....
2. ¿Cierro la ventana? ....
....
3. ¿Vengo a las dos? ....
....
4. ¿Me acuesto aquí? ....
....
5. ¿Volvemos en seguida? ....
....
6. ¿Ponemos el radio? ....
....
7. ¿Jugamos otra vez? ....
....
8. ¿Nos quedamos un rato? ....
....

IV. Para completar con la forma correcta del infinitivo entre paréntesis:

1. Aconsejamos que se (construir) .... un estadio nuevo.
2. Lola quiere que nosotros (tomar) .... el curso de francés.
3. Preferimos que Ud. (asistir) .... a la reunión.
4. ¿Desean Uds. que nosotros (repetir) .... el ejercicio?
5. El médico me pide que (ir) .... a su oficina.
6. Tu padre te manda que (devolver) .... el dinero.
7. Ruégale a Isabel que (venir) .... pronto.
8. No permitiremos que ellos (comenzar) .... el examen.

9. Mi compañero de cuarto me dice que (hacer) . . . . la excursión.
10. Ricardo insiste en que yo (sentarse) . . . . cerca de Luisa.

V. Escriban una nueva oración introducida por la oración incompleta:

1. Hace buen tiempo hoy.

   Nos alegramos de que . . . .

2. Carlota está enferma otra vez.

   Temo que . . . .

3. Todos tendrán mucho cuidado.

   Esperamos que . . . .

4. Jorge y Laura ya están de vuelta.

   Estamos contentos de que . . . .

5. Hay mucho tráfico esta tarde.

   Nos sorprende que . . . .

6. Ellos no podrán visitarnos.

   ¡Cuánto sentimos que . . . . !

7. Felipe tiene que vender su coche.

   Es lástima que . . . .

8. Algunos de los jugadores no llegarán a tiempo.

   Creo que . . . .

9. Luisa no conoce a Enrique.

   Me sorprende que . . . .

10. José sabe lo que ha pasado.

    Tengo miedo de que . . . .

VI. Escriban oraciones en español usando los verbos y expresiones siguientes:

1. acabar de . . . .

   . . . .

2. aconsejar . . . .

   . . . .

3. insistir en

4. permitir

5. rogar (ue)

6. sentir (ie, i)

7. sorprender

8. tratar de

9. valer más

10. volver (ue) a + *inf.*

VII. Para escribir en español:

1. We are glad that students are to participate more in sports.

2. We are glad to know that John is going to help us.

3. Louise wants to continue reading the newspaper.

4. They want us to continue reading the article.

5. Ask him to take some photos during his trip.

. . . .

. . . .

6. The teacher (*m.*) prefers that some of us turn in our notebooks soon.

. . . .

. . . .

7. He will ask us whether we will make the excursion.

. . . .

. . . .

8. I am sure he will tell us that we are to leave early.

. . . .

. . . .

9. We hope that Elizabeth will attend the university next year.

. . . .

. . . .

10. Do you (*formal sing.*) advise her to take an English course?

. . . .

. . . .

11. It's too bad the young men are not fond of sports.

. . . .

. . . .

12. I am afraid that Michael will not have time to answer our letters.

. . . .

. . . .

VIII. Comprehension exercise (taped)

You will hear eight questions in Spanish based on the material in *Notas culturales II.* Answer each question in the space provided, in a complete sentence:

1. . . . .

. . . .

2. ....

....

3. ....

....

4. ....

....

5. ....

....

6. ....

....

7. ....

....

8. ....

....

Name . . . . *Section* . . . . *Date* . . . .

LECCIÓN DIEZ

I. Dictado

Su profesor (profesora) va a leerles cinco o seis líneas de *Notas culturales IV:*

. . . .

. . . .

. . . .

. . . .

. . . .

. . . .

. . . .

. . . .

Para verificar este ejercicio, abran su libro de texto a las páginas 141–142.

II. Para completar con la forma correcta del infinitivo entre paréntesis:

1. Juan duda que ellos (tener) . . . . tiempo para eso.
2. Niego que Jaime (seguir) . . . . trabajando mucho.
3. Estoy seguro de que (hacer) . . . . buen tiempo mañana.
4. Clara no cree que Uds. (ir) . . . . a hacerlo.
5. Creemos que Isabel (conocer) . . . . al profesor.
6. No estamos seguros de que ella (venir) . . . . esta noche.
7. ¿No creen Uds. que nosotros (saber) . . . . jugar al tenis?
8. Dudo que María (escoger) . . . . uno de los regalos.
9. ¿Cree Ud. que Juan (volver) . . . . a tiempo? (*Doubt in mind of the speaker*)
10. ¿Crees que Jorge (pagar) . . . . la cuenta? (*The speaker has no opinion*)
11. Negamos que (haber) . . . . estudiantes extranjeros en nuestra clase.
12. No creo que ellos (querer) . . . . traer los refrescos.

III. Escriban una nueva oración introducida por la oración incompleta:

1. Almorzamos a la una.

   No es cierto que . . . .

2. Carlota busca a Juan.

   Es extraño que . . . .

3. Elena va a la reunión.

   No creo que . . . .

4. Isabel traerá los postres.

   Es cierto que . . . .

5. Nos acercamos a la mesa.

   Valdrá más que . . . .

6. Ellos no se quedarán aquí.

   Es probable que . . . .

7. Ana esperará hasta las dos.

   Será preciso que . . . .

8. Clara preferirá otros discos.

   Puede (ser) que . . . .

9. Descansaremos unos momentos.

   ¿No será mejor que . . . . ?

10. Todos los estudiantes traerán sus libros.

    Es importante que . . . .

11. Mis padres no vendrán hoy.

    Más vale que . . . .

12. Ellos hacen planes para el viaje.

    Es urgente que . . . .

IV. Para escribir en español:

1. Let's build it (*f.*). (*two ways*) . . . .

   . . . .

2. Let's not sit down yet. . . . .
3. Let's stay until Monday. (*two ways*) . . . .

   . . . .
4. Let Philip recommend a restaurant. . . . .
5. Let John look for it (*m.*). . . . .
6. May (I hope) all sleep well! . . . .
7. May (I hope) you (*pl.*) have a good time! . . . .
8. Let Isabel go to the party. . . . .
9. Let's not go home yet. . . . .
10. Have (Let) Thomas drive the car. . . . .

V. Escriban oraciones en español, usando los verbos y expresiones siguientes:

1. convenir . . . .
2. es difícil . . . .
3. es dudoso . . . .
4. es mejor . . . .
5. es posible . . . .
6. esperar . . . .
7. negar . . . .
8. no creer . . . .
9. permitir . . . .
10. recomendar . . . .

VI. Para suplir la preposición *para* o *por*:

1. Pensábamos partir mañana . . . . México. 2. Carlos había hecho los planes . . . . el viaje. 3. . . . . desgracia, no quedan asientos en el avión. 4. . . . . eso no podremos hacer el viaje. 5. Le dimos las gracias al empleado . . . . todo lo que él hizo . . . . nosotros. 6. No tendremos tiempo . . . . ir el mes que viene. 7. El examen . . . . el curso de español fue preparado . . . . el señor Ortiz. 8. Nos encontrábamos en el centro

ayer . . . . la mañana cuando Luisa apareció . . . . allí. 9. ¿. . . . . . . qué enviaron Uds. . . . . el médico anoche? 10. José haría cualquier cosa . . . . ganar más dinero. 11. Estamos . . . . comenzar el concierto. 12. . . . . una muchacha tan joven, juegas muy bien al tenis. 13. ¿Cuánto pagó Diana . . . . los zapatos? 14. Nadie toma a Ana . . . . española. 15. Escojan Uds. un cinturón . . . . Miguel, ... favor. 16. . . . . fin, podremos comprar los boletos . . . . el teatro. 17. Vayan Uds. . . . . Ramón . . . . pedirle la música. 18. ¿. . . . . . . quién es esta tarjeta? ¿Será . . . . Marta? 19. Este edificio queda todavía . . . . construir. 20. . . . . lo general, terminamos el trabajo . . . . las cinco de la tarde.

VII. Para escribir en español:

1. For the first time, James has been making plans for the future.

. . . .

. . . .

2. We are afraid that he will not obtain a scholarship this year.

. . . .

. . . .

3. He wants to take an English course, but he may (**es posible que él**) have to wait until next semester.

. . . .

. . . .

4. We are not sure that all the students will help us.

. . . .

. . . .

5. Do you think that it will be difficult for him to find a room? (*The speaker has no opinion*)

. . . .

. . . .

6. We are sorry that Ann can't attend the meeting.

. . . .

. . . .

7. It's too bad that she is ill; let's call the doctor.

   ....

   ....

8. The teacher (*f.*) asks us not to take our books; let's leave them here.

   ....

   ....

9. I doubt that John will graduate in June.

   ....

   ....

10. He has an appointment with the teacher (*m.*) to talk about his work.

    ....

    ....

11. Don't forget to ask Martha to bring refreshments for the party.

    ....

    ....

12. It is important, of course, that we be back at the residence hall by seven o'clock.

    ....

    ....

VIII. Comprehension exercise (taped)

You will hear ten statements in Spanish based on the material in *Notas culturales III.* For each statement, circle **sí** if it is correct, **no** if it is incorrect:

1. sí no	6. sí no
2. sí no	7. sí no
3. sí no	8. sí no
4. sí no	9. sí no
5. sí no	10. sí no

Name .... Section .... Date ....

LECCIÓN ONCE

I. Dictado

Su profesor (profesora) va a leerles cinco o seis líneas de *Notas culturales IV:*

....

....

....

....

....

....

....

....

Para verificar este ejercicio, abran su libro de texto a las páginas 141–142.

II. Cambien el verbo de la cláusula subordinada a la forma correspondiente del pretérito perfecto de subjuntivo:

1. Esperamos que Elena no esté (....................) enferma.
2. Es lástima que nosotros no podamos (....................) asistir a la conferencia.
3. Temo que ellos no sepan (....................) la verdad.
4. Me alegro de que no le duela (....................) la garganta.
5. Es posible que su secretaria no venga (....................) hoy.
6. Carolina duda que Juan viva (....................) en la residencia de estudiantes.
7. Yo no creo que Pablo escriba (....................) eso.
8. Es extraño que Ramón quiera (....................) hacer el viaje.

III. Para suplir el pronombre relativo:

1. Ramón, ... no se siente bien hoy, insiste en acompañarnos.
2. Esperamos asistir a la conferencia .... se dará esta noche.

3. El señor con . . . . cenamos es mexicano.
4. El restaurante en . . . . nos reuniremos está en esta calle.
5. ¿Conocen Uds. a algún abogado . . . . hable español?
6. Llame Ud. a los padres de Felipe, ... viven en Santa Ana.
7. El médico . . . ., ... (*two ways*) saludé es puertorriqueño.
8. . . . ., ... (*two ways*) trabaja mucho, gana mucho.
9. Les aconsejo a Uds. que no hagan siempre . . . . les pidan.
10. La calle por . . . . andamos es muy estrecha.
11. El señor Blanco, ... es argentino, acaba de salir.
12. Conocimos al hermano de Laura, ... tiene varias tiendas en esta ciudad.
13. Esta clínica y . . . . se halla en el centro son excelentes.
14. El coche acerca de . . . . Uds. están hablando es muy cómodo.
15. La joven a . . . . conociste ayer es una artista famosa.
16. Aquellos estudiantes, entre . . . . veo a Juan, vienen a saludarnos.

IV. Para completar con la forma correcta del infinitivo entre paréntesis:

1. No hay nadie aquí que (recordar) . . . . el número de la calle.
2. Pepe busca el restaurante que le (recomendar) . . . . su amigo ayer.
3. Deseo conocer al joven que me (llamar) . . . . anoche.
4. La señora Gómez busca una secretaria que (poder) . . . . trabajar esta tarde.
5. ¿Hay algún estudiante que (querer) . . . . ir a la reunión?
6. Por supuesto, habrá que hacer lo que (decir) . . . . tus padres.
7. No encontramos a nadie que (tener) . . . . boletos para el teatro.
8. ¿Conoces a alguien que (haber) . . . . viajado por Cuba?
9. Elena no encuentra nada aquí que le (gustar) . . . .
10. ¿Puede Ud. recomendarnos una clínica que (estar) . . . . cerca de la universidad?

V. Usos del pronombre *se*. Para escribir en español:

1. When we lived in Puerto Rico, we used to visit each other often.

. . . .

2. They were looking at one another at the concert.

   ....

3. James and Helen love each other very much.

   ....

4. According to George, the two brothers used to make fun of each other.

   ....

5. I hope we will see each other tomorrow at the game.

   ....

6. Is it true that the boys always helped one another?

   ....

VI. Para escribir en español:

1. Does Martha have a headache?

   ....

2. Yes, and her throat hurts also.

   ....

3. I think her finger is broken.

   ....

4. Did you (*formal sing.*) take her temperature?

   ....

5. Has your (*fam. sing.*) little brother washed his hands?

   ....

6. Your (*fam. sing.*) mother will wash his face.

   ....

7. Paul has to take off his shoes.

   ....

8. Is Diane feeling better?

   ....

9. Raymond has bought himself a new belt.

. . . .

10. Heavens! You (*fam. sing.*) have cut your foot!

. . . .

VII. Para escribir en español:

1. We are not sure that John has seen Mrs. Lopez's house.

. . . .

. . . .

2. He has invited all the students whose parents live in this city.

. . . .

. . . .

3. Helen's grandparents, who are visiting her, are not feeling well.

. . . .

. . . .

4. Louis is not going to graduate, which (fact) surprises us very much.

. . . .

. . . .

5. Do you (*pl.*) have some rich friend (*m.*) who can help us?

. . . .

. . . .

6. We don't know anyone who can play the guitar.

. . . .

. . . .

7. Is it possible that Paul has broken his arm?

. . . .

. . . .

8. Those (*f.*) who are eating lunch in the courtyard don't know what has happened.

. . . .

. . . .

9. I have bought some shirts that I like very much.

. . . .

. . . .

10. Let's try to see each other more often next year.

. . . .

. . . .

11. Will you (*formal sing.*) wash my hand, please? Be careful; I have cut it.

. . . .

. . . .

12. The doctor whom we called has just arrived; he is going to take your (*fam. sing.*) temperature.

. . . .

. . . .

VIII. Comprehension exercise (taped)

You will hear ten incomplete sentences in Spanish based on the material in *Notas culturales III*. Write in the space provided the word or phrase that best completes each sentence.

1. . . . .
2. . . . .
3. . . . .
4. . . . .
5. . . . .
6. . . . .
7. . . . .
8. . . . .
9. . . . .
10. . . . .

LECCIÓN DOCE

I. A. Para suplir la forma correcta del verbo entre paréntesis; usen la forma del imperfecto de subjuntivo que termina en *-ra* cuando sea necesario usar este tiempo:

1. (aparecer) Temo que el anuncio no . . . . en el periódico.

   Yo temía que el anuncio no . . . . en el periódico.

2. (leer) No lo entendemos cuando él . . . . las frases.

   No lo entendíamos cuando él . . . . las frases.

3. (obtener) Es lástima que Ramón no . . . . el puesto.

   Fue lástima que Ramón no . . . . el puesto.

4. (poder) Siento mucho que tú no . . . . aceptar la invitación.

   Sentí mucho que tú no . . . . aceptar la invitación.

5. (saber) Elena no cree que Juan . . . . conducir.

   Elena no creía que Juan . . . . conducir.

6. (traer) Le diré a Luis que . . . . su tocadiscos.

   Le dije a Juan que . . . . su tocadiscos.

B. Usen la forma del imperfecto de subjuntivo que termina en *-se* cuando sea necesario usar este tiempo:

7. (doler) María contesta que no le . . . . el brazo.

   María contestó que no le . . . . el brazo.

8. (haber) Es bueno que . . . . estudiantes extranjeros en la clase.

   Era bueno que . . . . estudiantes extranjeros en la clase.

9. (ir) Carlos se alegra de que tú no . . . . al cine.

   Carlos se alegró de que tú no . . . . al cine.

10. (querer) No hay nadie que . . . . acompañarnos.

    No había nadie que . . . . acompañarnos.

11. (servir) Llama a Marta para que . . . . el café.

Llamé a Marta para que . . . . el café.

12. (tener) Dudo que ellos . . . . problemas.

Dudábamos que ellos . . . . problemas.

II. Para suplir la forma correcta del verbo entre paréntesis; usen la forma del pluscuamperfecto de subjuntivo que termina en *-ra:*

1. Buscábamos a alguien que (viajar) . . . . por México.
2. Me parecía extraño que Ana no (invitar) . . . . a la profesora.
3. ¿Era posible que ellos no nos (ver) . . . . ?
4. Yo no creía que Elena (ir) . . . . al centro.
5. Todos negaban que (oír) . . . . el timbre.
6. No había nadie que (decir) . . . . que sí.

III. Para suplir la forma correcta del verbo entre paréntesis; usen la forma del imperfecto de subjuntivo que termina en *-ra* cuando sea necesario usar este tiempo:

1. Yo dudaba que tú (ser) . . . . aficionado a los deportes.
2. Marta le rogó a Miguel que (volver) . . . . para las seis.
3. Le pediré a Felipe que (poner) . . . . la televisión.
4. Nos gustaría que ellos nos (devolver) . . . . las cintas.
5. Marta esperaba que tú le (dar) . . . . las gracias.
6. Vale más que tú (ir) . . . . en el avión de la mañana.
7. Todo el mundo deseaba que Inés (haber) . . . . conseguido la beca.
8. Ellos niegan que Juan (haber) . . . . vendido su coche.

IV. Para suplir la forma correcta del verbo entre paréntesis; usen la forma del imperfecto de subjuntivo que termina en *-se* cuando sea necesario usar este tiempo:

1. Pienso ir al partido de fútbol mañana aunque (llover) . . . .
2. Juan pasó por mi casa antes de que yo (haber) . . . . vuelto del centro.
3. Elena mandó por mí en cuanto ella (llegar) . . . . a la residencia.
4. Felipe va a llamarme cuando él (salir) . . . . del trabajo.
5. ¿Han decidido quedarse hasta que (venir) . . . . el médico?

6. Traigo a mi amiga para que tú la (conocer) . . . .
7. En cuanto nosotros (tener) . . . . tiempo, escribiremos la composición.
8. Compraré el coche con tal que mi padre me (dar) . . . . el dinero.
9. Entré en la sala sin que nadie me (oír) . . . .
10. Prepara (tú) el almuerzo antes de que (volver) . . . . María.
11. Tendremos que esperar hasta que Jorge (traer) . . . . los refrescos.
12. No llegaremos a tiempo a menos que (tomar) . . . . el autobús.
13. Aunque nosotros (estar) . . . . muy cansados, dimos una vuelta por el parque.
14. Felipe me llamó anoche para que yo (ir) . . . . de compras con él.
15. Juan no aprenderá mucho mientras que (seguir) . . . . jugando al fútbol.
16. Traje las cintas para que Uds. las (escuchar) . . . .

V. Usos de los pronombres demostrativos

A. Para cambiar, empleando el pronombre demostrativo, como en el modelo.

MODELO: Me gusta *esta marca.* Me gusta ésta.

1. ¿Le gusta a Ud. *este reloj*? . . . .
2. Escuche Ud. *este disco.* . . . .
3. Entre Ud. en *esta sala.* . . . .
4. ¿No es cómodo *este coche*? . . . .
5. ¿Pongo *esta cinta*? . . . .
6. Me llevo *aquellas blusas.* . . . .
7. ¿Son buenos *esos vasos*? . . . .
8. ¿Es mejor *aquel abrigo*? . . . .

B. Para cambiar, siguiendo el modelo.

MODELO: estos radios y *el radio de Ana* estos radios y el de Ana

1. este lápiz y *los lápices de Elena*

. . . .

2. esta cámara y *la cámara de Pablo*

. . . .

3. este muchacho y *el muchacho del pelo rojo*

. . . .

4. esos periódicos y *los periódicos que hemos comprado*

. . . .

5. aquel programa y *el programa que hemos escuchado*

. . . .

MODELO: ¿Te gusta *la camisa roja?* ¿Te gusta la roja?

6. Prefiero *las canciones tristes.* . . . .

7. Le gustan *los estilos modernos.* . . . .

8. Ella escogió *la corbata azul.* . . . .

9. Juan tomó *la taza pequeña.* . . . .

10. Compre Ud. *los zapatos negros.* . . . .

VI. Para escribir en español:

1. The gentleman whose house we have just visited wishes to sell it.

. . . .

. . . .

2. Tell him not to sell it before we see it again.

. . . .

. . . .

3. We doubted that you (*formal sing.*) had told us that before.

. . . .

. . . .

4. We wanted them to explain some of the expressions to us.

. . . .

. . . .

5. I advised them to wait until Paul returned.

. . . .

6. As soon as he calls us, we will tell him to look for a job.

   . . . .

   . . . .

7. It was possible that they had already seen the film.

   . . . .

   . . . .

8. I will be able to cash the check provided that you (*formal sing.*) go with me.

   . . . .

   . . . .

9. Let's leave at once without telling anyone anything.

   . . . .

   . . . .

10. Do you (*fam. sing.*) want me to wrap that (*nearby*) book or this one?

   . . . .

   . . . .

11. The ones (*girls*) with (the) black hair are about to leave.

   . . . .

   . . . .

12. Which (one) of the dresses do you (*fam. sing.*) like better? The white one?

   . . . .

   . . . .

VIII. Comprehension exercise (taped)

You will hear eight questions in Spanish based on the material in *Notas culturales III.* Answer each question in the space provided, in a complete sentence:

1. . . . .

   . . . .

2. . . . .

   . . . .

3. ....

....

4. ....

....

5. ....

....

6. ....

....

7. ....

....

8. ....

....

Name . . . . Section . . . . Date . . . .

LECCIÓN TRECE

I. **Suplan la forma correcta del verbo entre paréntesis; usen la forma del imperfecto o pluscuamperfecto de subjuntivo que termina en -*ra* cuando sea necesario usar estos tiempos:**

1. Si Jaime (necesitar) . . . . la cámara, yo se la devolveré.
2. Si los estudiantes (estar) . . . . de vuelta, se abriría la cafetería.
3. Si Pepe no (llamar) . . . ., no habríamos ido al aeropuerto.
4. Si yo (estudiar) . . . . más, habría aprendido esas expresiones.
5. Si Ud. (querer) . . . . cobrar el cheque, tendrá que volver a las diez.
6. Si (haber) . . . . problemas, llamaríamos a sus padres.
7. Si te (doler) . . . . las piernas, debes acostarte.
8. Si no (ser) . . . . tan tarde, pasaríamos por su cuarto.
9. Carlos se levantó de la mesa como si no (sentirse) . . . . bien.
10. Si ellas (haber) . . . . tomado ese curso, se graduarían en junio.

II. **Para escribir en español:**

1. Perhaps Ann will apply for the scholarship. (*Uncertainty implied*)

   . . . .

2. Perhaps Michael delivered the letter. (*Certainty implied*)

   . . . .

3. You (*fam. sing.*) ought to (must) tell the truth.

   . . . .

4. I think that we should leave soon.

   . . . .

5. We should (would) like to bring something.

   . . . .

6. I wish (Would that) it weren't raining!

   . . . .

7. I wish (Would that) we had brought other records!

. . . .

8. "They say it will be good weather." "I hope so!"

. . . .

III. Usos de los posesivos

A. Cambien las frases siguientes, como en el modelo.

MODELO: Ricardo, ése es *su reloj.* Ese reloj es suyo.

1. Ana, éstos son *mis trajes.* Estos trajes son . . . .
2. Luisa, éste es *tu lápiz.* Este lápiz es . . . .
3. María, ésta es *tu revista.* Esta revista es . . . .
4. Sr. Ortiz, ésta es *su cámara.* Esta cámara es . . . .
5. Marta, ésas son *sus llaves.* Esas llaves son . . . .
6. Ramón, ése es *su periódico.* Ese periódico es . . . .
7. María, aquélla es *nuestra casa.* Aquella casa es . . . .
8. Ana y José, ésos son *sus libros.* Esos libros son . . . .

B. Cambien las frases siguientes, como en el modelo.

MODELO: Carlos y una amiga *de él* Carlos y una amiga suya

1. este radio *de ella* este radio . . . .
2. esos discos *de Ud.* esos discos . . . .
3. estas fotos *de ellos* estas fotos . . . .
4. esas maletas *de Uds.* esas maletas . . . .
5. aquel coche *de ellos* aquel coche . . . .
6. aquellas palabras *de él* aquellas palabras . . . .

C. Cambien las frases siguientes, como en el modelo.

MODELO: José tiene *su guitarra.* José tiene la suya.

1. Marta olvidó *su maleta.* Marta olvidó . . . .
2. Ellos entregan *sus ejercicios.* Ellos entregan . . . .
3. Tú no llevas *tu paraguas.* Tú no llevas . . . .

4. Lea Ud. *su composición.* — Lea Ud. ....

5. *María* pierde *su cartera.* — María pierde ....

6. Ellos abren *sus regalos.* — Ellos abren ....

D. Para contestar afirmativamente, siguiendo el modelo.

MODELO: ¿Tiene Ud. *su cámara*? — Sí, tengo la mía.

1.. ¿Traes *tus guantes*? — Sí, traigo ....

2. ¿Tienen Uds. *sus llaves*? — Sí, tenemos ....

3. ¿Te gusta *tu regalo*? — Sí, me gusta ....

4. ¿Encontró Ana *su pulsera*? — Sí, Ana encontró ....

5. ¿Cobró Marta *su cheque*? — Sí, Marta cobró ....

6. ¿Leyeron ellos *sus cartas*? — Sí, ellos leyeron ....

E. Cambien las frases siguientes, empleando el pronombre posesivo.

MODELO: *Mi cámara* es vieja. — La mía es vieja.

1. *Nuestra residencia* es nueva. — .... es nueva.

2. *Tu hermana* es bonita. — .... es bonita.

3. *Mi pulsera* es de oro. — .... es de oro.

4. *Tus planes* son interesantes. — .... son interesantes.

5. *Nuestro abuelo* es rico. — .... es rico.

6. *Mis amigos* son simpáticos. — .... son simpáticos.

IV. A. Para escribir en español, usando las formas correspondientes a *Ud.*:

1. Their radio and yours are of the same make.

....

2. Are the large pictures yours?

....

3. Helen's photos and yours are excellent.

....

4. Will you show us Clara's bicycle and yours?

....

B. Para escribir en español, usando las formas correspondientes a *tú*:

5. These flowers and yours are very pretty.

. . . .

6. Do you have your ticket and hers?

. . . .

7. This suitcase is smaller than yours.

. . . .

8. My sister and yours never arrive on time.

. . . .

V. Para escribir en español:

1. Do you (*formal sing.*) prefer the white blouse or the red one?

. . . .

. . . .

2. I don't like the colors. I wish (Would that) there were (**hubiera**) a yellow one!

. . . .

. . . .

3. John and I would like to go to Mexico next month.

. . . .

. . . .

4. George promises to accompany us if the trip doesn't cost too much.

. . . .

. . . .

5. I hope (Would that) we can spend a few days in a place that has a beach!

. . . .

. . . .

6. Would it be possible to go in your (*fam. sing.*) brother's car?

. . . .

. . . .

7. One must get a special license if one wishes to drive in Mexico.

....

....

8. If I were you (*formal sing.*), I would send your purchases and mine in different packages.

....

....

9. If Charles had received the check, he would have bought a new bicycle.

....

....

10. Let's return to the residence hall before your (*fam. sing.*) parents arrive.

....

....

11. I don't think that my parents know yours (*fam. sing.*) yet.

....

....

12. I hope that you (*formal sing.*) have brought your keys; I have forgotten mine.

....

....

VI. Comprehension execise (taped)

You will hear ten statements in Spanish based on the material in *Notas culturales IV.* For each statement, circle **sí** if it is correct, **no** if it is incorrect:

1. sí no
2. sí no
3. sí no
4. sí no
5. sí no
6. sí no
7. sí no
8. sí no
9. sí no
10. sí no

Name .... *Section* .... *Date* ....

LECCIÓN CATORCE

I. Dictado

Su profesor (profesora) va a leerles seis o siete líneas de *Notas culturales V:*

....

....

....

....

....

....

....

....

Para verificar este ejercicio, abran su libro de texto a las páginas 181–182.

II. A. Suplan la forma comparativa del adjetivo o del adverbio, según el modelo.

MODELO: Ella es (alto) . . . (que yo). Ella es más alta que yo.

1. Este artículo es (corto) .... que ése.
2. Aquellos trajes son (caro) .... que éstos.
3. Nuestra profesora es (joven) .... de lo que Uds. creen.
4. Este jardín es (hermoso) .... que el de mis primos.
5. La segunda lección es (difícil) .... que la primera.
6. Estas blusas son (bonito) .... que aquéllas.
7. Aquel edificio es (grande) .... que éste.
8. Me parece que Luis es (listo) .... que su hermanito.

B. Suplan la forma comparativa irregular:

1. Estos programas son (bueno) .... que los del año pasado.

2. Luisa recuerda el pueblecito (bien) . . . . que tú.

3. Esta carretera es (mala) . . . . que la otra.

4. Ellos tardaron (mucho) . . . . de un cuarto de hora.

5. La (grande) . . . . parte de los estudiantes viven en estas residencias.

6. Ana juega (mal) . . . . que Isabel.

7. Mis hermanos (pequeño) . . . . se levantan muy temprano.

8. Ahora tenemos (poco) . . . . dinero que nunca.

III. Para contestar en español, como en los modelos.

MODELO: ¿Tienes más fotos que él? No, pero tengo tantas como él.

1. ¿Escribió Juan más cuentos que tú?

. . . .

2. ¿Sabe Elena más canciones que Diana?

. . . .

3. ¿Tienen Uds. más clases que Ricardo?

. . . .

4. ¿Recibiste más tarjetas que Pablo?

. . . .

5. ¿Hay más sillas en este cuarto que en el salón?

. . . .

MODELO: Este árbol es alto. ¿Y aquél? Aquél es tan alto como éste.

6. Estos cuadros son hermosos. ¿Y aquéllos?

. . . .

7. Esas muchachas son listas. ¿Y éstas?

. . . .

8. Miguel está enfermo. ¿Y su hermanita?

. . . .

9. Marta está ocupada. ¿Y Carlota?

. . . .

10. José conduce mal. ¿Y Ramón?

....

IV. Para escribir en español:

1. This school has more students than ever.

....

2. My parents were here for more than an hour.

....

3. It is warmer today than yesterday.

....

4. This problem is more difficult than I had believed.

....

5. My younger sister is as tall as I.

....

6. Please hang (*pl.*) the posters as soon as (the soonest) possible.

....

7. I like this picture better than that one (*distant*).

....

8. Helen's brother speaks Spanish better than she.

....

9. This small table is very beautiful. (*two ways*)

....

....

10. Did Ann receive as many gifts as Martha?

....

11. Everybody says that there is more interest this year.

....

12. My youngest cousin (*f.*) is only fourteen years old.

....

V. **Escriban dos contestaciones, según los modelos.**

MODELO: ¿Cuándo fue él al cine? ¿Hace una hora? — Sí, él fue al cine hace una hora.
Sí, hace una hora que él fue al cine.

1. ¿Cuándo llamaste al médico? ¿Hace un cuarto de hora?

   ....

   ....

2. ¿Cuándo regresaron Uds.? ¿Hace una semana?

   ....

   ....

3. ¿Cuándo fuiste a la playa? ¿Hace un mes?

   ....

   ....

4. ¿Cuándo compró Lola el coche? ¿Hace quince días?

   ....

   ....

MODELO: ¿Cuánto tiempo hace que estudias? ¿Una hora? — Sí, hace una hora que estudio.
Sí, estudio desde hace una hora.

5. ¿Cuánto tiempo hace que juegas al básquetbol? ¿Dos años?

   ....

   ....

6. ¿Cuánto tiempo hace que Ud. trabaja en la librería? ¿Seis meses?

   ....

   ....

7. ¿Cuánto tiempo hace que viven Uds. en esta residencia? ¿Tres años?

   ....

   ....

8. ¿Cuánto tiempo hace que asistes a este curso? ¿Diez semanas?

   ....

   ....

Name .... *Section* .... *Date* ....

VI. Para escribir en español:

1. Ann is participating in the exhibition that is presented every year in the social center.

   ....

   ....

2. Raymond has been waiting in the hall where the works are to be hung.

   ....

   ....

3. They had asked the students to bring their pictures before six P.M.

   ....

   ....

4. Raymond looked at his watch; it was already later than he thought.

   ....

   ....

5. When Ann arrived, she asked Raymond whether he had been waiting for her for a long time.

   ....

   ....

6. Being a courteous young man, Raymond replied that he had just arrived.

   ....

   ....

7. They think that Ann's pictures will be seen better on the wall to the right.

   ....

   ....

8. In general, the paintings are more interesting than I expected.

   ....

   ....

9. Ann's brother, who is older than she, is an excellent artist also.

   ....

   ....

10. We are so happy! We have never seen so many beautiful pictures.

. . . .

. . . .

11. Ann works carefully, but not so rapidly as her brother.

. . . .

. . . .

12. We met Ann several years ago, before she came to this city.

. . . .

. . . .

VII. Comprehension exercise (taped)

You will hear ten incomplete sentences in Spanish based on the material in *Notas culturales IV.* Write in the space provided the word or phrase that best completes each sentence:

1. . . . . 6. . . . .

2. . . . . 7. . . . .

3. . . . . 8. . . . .

4. . . . . 9. . . . .

5. . . . . 10. . . . .

Name .... Section .... Date ....

LECCIÓN QUINCE

I. Dictado

Su profesor (profesora) va a leerles seis o siete líneas de *Notas culturales V:*

....

....

....

....

....

....

....

....

Para verificar este ejercicio, abran su libro de texto a las páginas 181–182.

II. Cambien la frase en cursiva, usando el participio pasado, como en el modelo.

MODELO: *Al terminar el curso,* nos despedimos del profesor.
Terminado el curso, nos despedimos del profesor.

1. *Al llegar nuestros amigos,* preparamos el almuerzo.

....

2. *Después de perder las llaves,* entré por una ventana.

....

3. *Al abrir la puerta,* no encontramos a nadie.

....

4. *Después de escribir la tarjeta,* se la mandé a mi novia.

....

5. *Al comprar la cartera,* se la enseñé a Marta.

....

III. **Cambien el verbo entre paréntesis al pretérito anterior de indicativo:**

1. En cuanto (entré) .... en la tienda, vi a Marta.
2. Apenas (volvió) .... mi primo, me llamó.
3. En cuanto (recibimos) .... el anuncio, solicité, la beca.
4. Después que (cenamos) ...., fuimos al teatro.
5. Apenas (leyó) .... Juan la noticia, decidió volver a casa.

IV. **Para suplir el participio presente:**

1. (construir) El padre de Elena está .... ese edificio.
2. (cantar) Los estudiantes venían .... por la calle.
3. (leer) .... las revistas, uno aprende mucho.
4. (entender) Vamos .... las lecciones mejor.
5. (hacer) ¿Qué andan .... tus hermanitos?
6. (tocar) La orquesta siguió .... hasta las doce y media.
7. (conducir) Si no te sientes bien, no continúes ....
8. (levantarse) .... temprano, nunca perderás el autobús.

V. **El artículo neutro *lo* y el pronombre neutro *lo*. Para expresar en español:**

1. The worst thing is that he can't attend the lecture.

   ....

2. You (*formal sing.*) don't know how sick Agnes is.

   ....

3. Please return (*formal sing.*) the dictionary as soon as possible.

   ....

4. That (matter) of your (*fam. sing.*) brother is very strange.

   ....

5. Louis has promised to send us our part.

   ....

6. "Is Margaret a good writer?" "Yes, she is."

   ....

7. "I wonder whether Charlotte can sing." "Ask (*formal sing.*) her."

   ....

8. "What is the lawyer's name?" "I don't know."

   ....

9. She is seven or eight years old, although she doesn't seem so.

   ....

10. Explain (*fam. sing.*) clearly and correctly what is (has been) promised.

    ....

    ....

VI. Para suplir la conjunción *pero, sino* o *sino que*:

1. Ricardo es joven, ... es muy listo.
2. Los chicos no están estudiando, ... están charlando.
3. No vayas al concierto, ... a la exposición.
4. Invitamos a Lola a la fiesta, ... ella estaba ocupada.
5. Pablo no pide una cita con Marta, ... con su hermana.

VII. Cambien las frases, empleando la forma de mandato correspondiente a *Uds.*:

1. Vienen a la oficina. ....
2. Levantan la mano. ....
3. Siguen trabajando. ....
4. Se acercan a la mesa. ....
5. Se visten pronto. ....

VIII. Cambien las frases, empleando la forma de mandato correspondiente a *tú*, primero afirmativa y luego negativamente:

1. Ramón trae los libros. ....

   ....

2. Luis escoge un regalo. ....

   ....

3. Pepe va a la cocina. ....

....

4. José se despierta temprano. ....

....

5. Elena se quita el abrigo. ....

....

IX. A. Para cambiar, empleando la forma de mandato correspondiente a *vosotros, -as*:

1. *Entregar* los ejercicios. ....
2. *Volver* pronto. ....
3. *Hacer* el viaje. ....
4. *Quedarse* en casa. ....
5. *Despedirse* de Lupe. ....

B. Para escribir en español, empleando la forma de mandato correspondiente a *vosotros, -as*:

1. Continue reading. ....
2. Stop writing at once! ....
3. Remember the day. ....
4. Walk slowly. ....
5. Put on your gloves. ....

X. A. Para expresar en español:

1. Martha and George must take this course in order to graduate.

....

....

2. Everybody says that one must work hard in this course.

....

....

3. We are not to meet her at the bookstore, but at the library.

....

....

4. I think we should visit your (*fam. sing.*) aunt and mine before we leave.

....

....

5. Let's leave; the plane probably arrived several hours ago.

....

....

6. I wonder what your (*fam. sing.*) brother has been doing.

....

7. Even though we drop by his room, he may not receive us.

....

....

8. I am sure that you (*pl.*) are right; I hope (would that) you are successful!

....

....

9. Would you (*fam. sing.*) be able to tell me where the students are meeting?

....

....

10. It may be that John and Betty made the trip by bus.

....

....

B. Para expresar en español de dos maneras, empleando primero la forma de mandato correspondiente a *vosotros, -as,* y luego la forma correspondiente a *Uds.*:

11. Come in through this door, please, and leave through that one (*distant*).

....

....

12. Go to the doctor's office as rapidly as possible.

....

....

XI. Comprehension exercise (taped)

You will hear eight questions in Spanish on the material in *Notas culturales IV.* Answer each question in the space provided, in a complete sentence:

1. ....

....

2. ....

....

3. ....

....

4. ....

....

5. ....

....

6. ....

....

7. ....

....

8. ....

....

ACHIEVEMENT TESTS

Name . . . . Section . . . . Date . . . .

Achievement Test I

(Lección primera – Lección tres)

I. Complete with the corresponding form of the present indicative of the verb:

1. (comprender) Nosotros no . . . . la frase.
2. (vivir) ¿. . . . . Uds. cerca de aquí?
3. (ser) Carlos y Clara . . . . estudiantes.
4. (estar) ¿Dónde . . . . ellos ahora?
5. (comenzar) ¿A qué hora . . . . las clases?
6. (poder) Uds. no . . . . asistir al concierto.
7. (tener) Tú . . . . que estudiar más.
8. (volver) A veces ellos . . . . tarde.
9. (jugar) ¿. . . . . Uds. al tenis a menudo?
10. (preferir) Yo . . . . otros deportes.

II. Rewrite each noun in the plural preceded by the definite article:

1. día . . . .
2. foto . . . .
3. verdad . . . .
4. avión . . . .
5. mano . . . .
6. deporte . . . .
7. jardín . . . .
8. examen . . . .
9. viernes . . . .
10. problema . . . .

III. Rewrite, changing to affirmative and negative formal commands:

1. María va a la tienda. . . . .

   . . . .

2. Ricardo viene temprano. . . . .

   . . . .

3. Elena escoge los regalos. . . . .

. . . .

4. Ana sirve el café. . . . .

. . . .

5. Luis explica la lección. . . . .

. . . .

6. Juan se pone los zapatos. . . . .

. . . .

IV. Rewrite, changing to affirmative and negative familiar commands:

1. Diana cierra la puerta. . . . .

. . . .

2. Pablo busca el paraguas. . . . .

. . . .

3. José entrega la composición. . . . .

. . . .

4. Luisa se lava la cara. . . . .

. . . .

5. Isabel se levanta tarde. . . . .

. . . .

6. Pepe se divierte mucho. . . . .

. . . .

V. Rewrite, changing to affirmative and negative plural command forms:

1. Salen del cuarto. . . . .

. . . .

2. Empiezan a leer. . . . .

. . . .

3. Pagan la cuenta. . . . .

. . . .

4. Traen los refrescos. ....

....

5. Continúan el programa. ....

....

6. Se acercan al coche. ....

....

VI. Write in Spanish:

1. Which of the boys speaks ....

French? ....

2. What a beautiful dress! ....

3. I like the watch very much. ....

4. Whose bracelet is this? ....

5. What is the capital of ....

Mexico? ....

6. Does John like Margaret? ....

7. Do you (*fam. sing.*) know ....

my teacher (*f.*)? ....

8. We know that Martha is ....

not Spanish. ....

VII. Rewrite, substituting the corresponding form of *estar* and the present participle:

1. Ana *juega* al tenis. ....

2. ¿Qué *hace* Juan ahora? ....

3. *Aprendemos* mucho. ....

4. ¿Qué me *traes*? ....

5. *Espero* a mis padres. ....

6. *Pedimos* más dinero. ....

VIII. **Rewrite each sentence, using object pronouns for the italicized words:**

1. Clara acepta *el paquete.* ....
2. No dejes *la revista* allí. ....
3. ¿Conoces *a mis hermanos*? ....
4. Busquen Uds. *al niño.* ....
5. Queremos ver *los mapas.* ....
6. Estoy escribiendo *la carta.* ....
7. Espera cerca de *la puerta.* ....
8. Quieren pasar por *el parque.* ....

IX. **Rewrite each sentence, using object pronouns for the italicized words:**

1. Le envían *los libros a Lucía.* ....
2. Le doy *los lápices a Carlos.* ....
3. Ponte *los guantes.* ....
4. Llévale tú *las blusas a María.* ....
5. Van a traernos *las cintas.* ....
6. ¿Quieres venderme *el coche*? ....
7. Estoy leyéndoles *el cuento.* ....
8. Queremos lavarnos *la cara.* ....

X. **Write in Spanish:**

1. The teacher (*m.*) is explaining the lesson to the students.

....

....

2. I see that there are several maps on the wall.

....

....

3. Louis plans to take many photos in the park.

....

....

4. Take (*fam. sing.*) Paul to the football game.

....

5. I want to chat with him about the songs.

....

6. I need the book; return (*fam. sing.*) it to me, please.

....

....

7. Ann asks me for a notebook and some (several) pencils.

....

....

8. I am going to buy them (*m.*) tomorrow at the bookstore.

....

....

9. I hope to see my friend Diane this evening.

....

10. "What is Diane?" "She is an artist."

....

11. Diane and her father are very good artists.

....

12. Diane's sister is about (some) fifteen years old.

....

....

XI. Comprehension exercise (taped)

You will hear eight questions in Spanish using vocabulary contained in the first three lessons of the text. Answer each question in the space provided, in a complete sentence:

1. ....

....

2. ....

....

3. ....

....

4. ....

....

5. ....

....

6. ....

....

7. ....

....

8. ....

....

Name .... Section .... Date ....

Achievement Test II

(Lección cuatro – Lección seis)

I. A. Change each verb to the corresponding form of the preterit tense:

1. Juan busca (...............) las llaves, pero no las encuentra (...............). 2. Abro (...............) la puerta y salgo (...............) al jardín. 3. Laura me contesta (...............) que vende (...............) la pulsera. 4. Cuando voy (...............) a la biblioteca, pregunto (...............) por Tomás. 5. Ellos se levantan (...............) temprano y dan (...............) un paseo por el parque. 6. Carlos y Diana asisten (...............) al concierto y se divierten (...............) mucho.

B. Change each verb to the corresponding form of the imperfect tense:

1. El profesor tiene (...............) unos treinta años; es (...............) de la Argentina. 2. Son (...............) las tres de la tarde y Juan tarda (...............) en volver. 3. Ella sabe (...............) que hay (...............) algunos estudiantes extranjeros en la clase. 4. La saludamos (...............) todos los días cuando pasamos (...............) por su casa. 5. ¿A quiénes ves (...............) cuando vas (...............) al café? 6. Todos dicen (...............) que Jaime quiere (...............) vivir con nosotros.

II. Supply the correct form of the preterit or imperfect tense of each infinitive:

1. Yo (ir) .... de compras ayer y (comprar) .... un radio nuevo. 2. Yo (acercarse) .... al profesor, pero no (poder) .... hablar con él. 3. Yo (visitar) .... a José anoche porque él (estar) .... enfermo. 4. Yo (saludar) .... a María cuando ella (salir) .... de la reunión. 5. Como nosotros no (tener) .... dinero, no (comprar) .... los boletos. 6. Ya (ser) .... las doce de la noche cuando

(llegar) . . . . el avión. 7. Como nosotros (estar) . . . . muy ocupados, no (ir) . . . . al cine anoche. 8. Como Ramón (quejarse) . . . . mucho, nosotros (llamar) . . . . al médico.

III. Change each verb to the corresponding form of the present perfect tense:

1. ¿Abren (. . . .) Uds. sus libros?
2. ¿Qué haces (. . . .) durante las vacaciones?
3. Nosotros vamos (. . . .) al centro en autobús.
4. María pone (. . . .) las flores sobre la mesa.
5. ¿Qué lee (. . . .) Ud. esta tarde?
6. No veo (. . . .) mi reloj de pulsera.

IV. Change each verb to the corresponding form of the pluperfect tense:

1. Los estudiantes escriben (. . . .) cartas en español.
2. Yo devuelvo (. . . .) el paquete.
3. El Sr. Gómez es (. . . .) nuestro médico.
4. Luis y su hermano están (. . . .) enfermos.
5. ¿Trae (. . . .) Marta el café?
6. ¿Qué dicen (. . . .) tus padres acerca de la excursión?

V. A. Complete with the correct form of *estar* or *ser* in the present indicative tense:

1. Laura . . . . española, pero ahora . . . . viviendo en los Estados Unidos. 2. Ella . . . . escritora y . . . . muy ocupada. 3. Juan . . . . muy simpático y . . . . estimado de todos. 4. . . . . las ocho de la mañana y ellas ya . . . . listas. 5. Diana no . . . . joven, pero ella . . . . muy bonita hoy. 6. El edificio . . . . de un ingeniero; . . . . construido de piedra.

B. Complete with the correct form of *estar* or *ser* in the imperfect or preterit indicative tense:

1. La carta que Ana . . . . leyendo . . . . escrita por un amigo mexicano. 2. Como las puertas . . . . cerradas, ... necesario esperar en la calle. 3. Yo . . . . sentado en el patio y Ana . . . .

trabajando en el jardín. 4. Las blusas . . . . bien hechas; . . . . para María y su hermana. 5. ¿Qué . . . . el padre de Juan? ¿. . . . . abogado? 6. –¿ . . . . fácil encontrar el restaurante? –Sí, ... en la esquina.

VI. Write in Spanish:

1. two football teams . . . .
2. several Mexican authors . . . .
3. some easy lessons . . . .
4. the same day . . . .
5. one hundred Spanish books . . . .
6. no bad player . . . .
7. four great women . . . .
8. St. Agnes and St. Thomas . . . .

VII. A. Supply the correct form of the definite article when necessary:

1. Creo que . . . . profesora López va a hablar sobre . . . . arte español.
2. Hoy es . . . . jueves y Luisa llega . . . . sábado.
3. Ya es . . . . una y se cierran muchas tiendas a . . . . dos.
4. Aunque Laura es de . . . . Cuba, no habla bien . . . . español.

B. Supply the correct form of the indefinite article when necessary:

1. –¿Qué es Carolina? –Es . . . . escritora.
2. Ella es . . . . escritora muy distinguida; ha escrito . . . . quince libros.
3. La Srta. Blanco no busca . . . . casa ahora; ella prefiere . . . . cuarto cerca de la universidad.
4. Como sabes, ... cierta amiga del Perú me escribe . . . . cartas muy interesantes.

VIII. Write in Spanish:

1. December 25, 1984 . . . .

. . . .

2. March 11, 1547 . . . .

. . . .

3. September 16, 1876 . . . .

. . . .

4. February 21, 1718 . . . .

. . . .

IX. Write in Spanish:

1. I was in Canada when I found out that Mr. Ortiz had sold the store.

. . . .

. . . .

2. People say that Mrs. Ortiz has returned to Argentina.

. . . .

. . . .

3. We had already bought the tickets and then we had to return them.

. . . .

. . . .

4. It was certain that we had lost a hundred and fifty dollars.

. . . .

. . . .

5. I had planned to take many photos during the trip.

. . . .

. . . .

6. "Ask (*fam. sing.*) John whether he can help us." "We asked him yesterday."

. . . .

. . . .

7. What a pity! Philip could not accept our invitation.

. . . .

. . . .

8. A certain person had told us that the boy wasn't very clever.

....

....

9. Mr. and Mrs. Ortiz went to Spain in 1981.

....

....

10. One needs a lot of money to be able to attend the university.

....

....

11. How many courses are taken during the first year?

....

....

12. Diane likes to take off her shoes when she is studying (*use progressive tense*).

....

....

X. Comprehension exercise (taped)

You will hear eight questions in Spanish using vocabulary contained through *Lección seis* of the text. Answer each question in the space provided, in a complete sentence:

1. ....

....

2. ....

....

3. ....

....

4. ....

....

5. ....

....

6. ....

....

7. ....

....

8. ....

....

Name . . . . Section . . . . Date . . . .

Achievement Test III

(Lección siete – Lección nueve)

I. Supply the correct preposition when one is required:

1. Jorge no se acordó . . . . ir a la fiesta. 2. Todavía no me atrevo . . . . conducir. 3. Carlos prometió . . . . regresar pronto. 4. María ha comenzado . . . . estudiar más. 5. Pensamos . . . . llevar a Inés al aeropuerto. 6. A Pepe le gusta . . . . jugar al básquetbol. 7. Hemos . . . . jugar mañana por la mañana. 8. No dejen Uds. . . . . practicar esta tarde. 9. Ella me mandó . . . . devolver el diccionario. 10. Hemos invitado a Juan . . . . escribir un artículo. 11. Isabel se olvidó . . . . asistir a la conferencia. 12. Esperamos . . . . acompañarte al partido. 13. Marta acaba . . . . salir de la residencia. 14. Tardamos una hora . . . . llegar al centro. 15. Lola me ayudó . . . . comprar la cámara. 16. No se trata . . . . vender la bicicleta.

II. Write in Spanish:

1. It is foggy this morning. . . . .
2. It is very windy also. . . . .
3. We are very hungry. . . . .
4. Is the coffee hot? . . . .
5. The water is very cold. . . . .
6. The moon was shining. . . . .
7. It has been warm today. . . . .
8. It has been bad weather. . . . .
9. It was two o'clock. . . . .
10. Helen has been very warm. . . . .

III. A. Complete with the corresponding form of the future tense of the verb:

1. (ir) ¿A que horá . . . . Uds. al aeropuerto?

2. (decir) ¿Qué les . . . . tú a tus padres acerca del viaje?

3. (haber) ¿Cuántos estudiantes . . . . en la clase?

4. (hacer) ¿Qué . . . . nosotros durante las vacaciones?

5. (poner) Carlota . . . . los papeles sobre la mesa.

6. (saber) Mañana nosotros . . . . la fecha del examen.

B. Complete with the corresponding form of the conditional tense of the verb:

1. (salir) Jaime dijo que . . . . hoy de la Florida.

2. (poder) Creíamos que Lola . . . . ayudarnos.

3. (valer) Es evidente que . . . . más esperar unos minutos.

4. (venir) Yo sabía que ellos . . . . en seguida.

5. (gustar) ¿Te . . . . ir al cine con nosotros esta noche?

6. (decir) Juan contestó que él nos . . . . adónde había ido.

IV. Change each sentence to the negative, as in the model.

MODELO: Luisa me trajo algo. Luisa no me trajo nada.

1. Alguien ha venido hoy. . . . .

2. Ana tiene algo en la cara. . . . .

3. Algún chico lo hizo. . . . .

4. Alguno de ellos es médico. . . . .

5. José siempre tiene frío. . . . .

6. Yo también tengo prisa. . . . .

V. A. Rewrite, changing each verb to the corresponding form of the future perfect tense:

1. Elena abrió (. . . . .) la puerta.

2. Nosotros cubrimos (. . . . .) la mesa.

3. Lola y Enrique fueron (. . . . .) a la playa.

4. Yo di (. . . . .) un paseo por la ciudad.

B. Rewrite, changing each verb to the corresponding form of the conditional perfect tense:

1. Uds. envolvieron (. . . . .) los regalos.

2. Mis amigos vieron (....................) el cuadro.

3. Tú te pusiste (....................) el traje.

4. Trajimos (....................) el dinero.

VI. Write in Spanish:

1. I wonder what time it is. It must be one o'clock.

    ....

2. Where do you suppose Martha is going?

    ....

3. I wonder who has brought the flowers.

    ....

4. Could George have paid the bill?

    ....

5. I suppose the students have already sent the applications.

    ....

6. We have had to study all day for the examination.

    ....

7. It was necessary to bring pencils and paper to class.

    ....

8. There has been a lot of traffic on the streets today.

    ....

VII. Write original sentences using the following verbs and expressions:

1. al + *inf.* ....

    ....

2. estar para + *inf.* ....

    ....

3. hacer + *inf.* ....

    ....

4. permitir + *inf.* ....

....

5. ver + *inf.* ....

....

6. volver a + *inf.* ....

....

VIII. Supply the correct form of the infinitive in parentheses, using the present subjunctive when the subjunctive mood is required:

1. Dile a Ana que nos (enviar) .... la cuenta pronto.
2. El profesor desea que nosotros (estudiar) .... más.
3. Preferimos que tú (sacar) .... las fotos ahora.
4. Le aconsejo a Juan que no (poner) .... la televisión.
5. Se dice que todos (querer) .... tomar el curso.
6. Luis quiere que nosotros (sentarse) .... en el patio.
7. Sentimos que Uds. (estar) .... enfermos.
8. Temo que tú (ir) .... a perder el autobús.
9. Es lástima que Ud. no (conocer) .... a Tomás.
10. Sabemos que ellos no (desear) .... hacer la excursión.
11. Esperamos que Uds. (volver) .... el año que viene.
12. Me alegro de que Elena (poder) .... aceptar la beca.

IX. Write in Spanish:

1. After talking with his teacher (*m.*), Philip decided to repeat the course.

....

....

2. Upon entering the room, we could hear Laura singing.

....

....

3. I remember, without any doubt, that Lola doesn't like either coffee or tea.

. . . .

. . . .

4. They say that anyone of them (*f.*) can prepare the meal.

. . . .

. . . .

5. Some foreign students have promised to drop by my room next week.

. . . .

. . . .

6. Would you (*pl.*) like to go to the basketball game with us?

. . . .

. . . .

7. We are to go to Martha's house after the game.

. . . .

. . . .

8. Will they allow Joe to spend his (the) vacation at the beach?

. . . .

. . . .

X. Comprehension exercise (taped)

You will hear eight questions in Spanish using vocabulary contained through *Lección nueve* of the text. Answer each question in the space provided, in a complete sentence:

1. . . . .

. . . .

2. . . . .

. . . .

3. . . . .

. . . .

4. ....

....

5. ....

....

6. ....

....

7. ....

....

8. ....

....

Name . . . . *Section* . . . . *Date* . . . .

Achievement Test IV

(Lección diez – Lección doce)

I. A. Supply the correct form of the infinitive in parentheses, using the present subjunctive tense when the subjunctive mood is required:

1. Ricardo niega que sus tíos (estar) . . . . de vuelta.
2. Creo que las dos hermanas (ser) . . . . aficionadas a los deportes.
3. No es cierto que ella (trabajar) . . . . en la clínica.
4. Dudamos que (haber) . . . . tiempo para eso.
5. Es extraño que ellos (asistir) . . . . a la reunión.
6. Es evidente que nosotros (tener) . . . . que buscar discos.
7. Conviene que ellos (buscar) . . . . otro cuarto.
8. Es probable que no (hacer) . . . . buen tiempo.

B. Use the present perfect subjunctive tense when the subjunctive mood is required:

1. Es posible que Ramón (decidir) . . . . practicar más.
2. Más vale que Uds. (solicitar) . . . . la beca.
3. Nos alegramos de que Ana (ver) . . . . a su amigo.
4. No creo que Pablo (comenzar) . . . . a trabajar allí.
5. Dudo que Pepe (devolver) . . . . los libros.
6. Basta que tus padres (decir) . . . . que sí.

C. Use the imperfect subjunctive tense which ends in *-ra* when the subjunctive mood is required:

1. María no estaba segura de que Uds. (llegar) . . . . a tiempo.
2. Era dudoso que tú (conseguir) . . . . la beca.
3. No creíamos que Uds. (escoger) . . . . el reloj.
4. Es lástima que Luis (romperse) . . . . la pierna.
5. Me pidieron que yo les (servir) . . . . el café.

6. Yo quería que las jóvenes (tocar) . . . . en la orquesta.

II. Express in Spanish:

1. Let's visit her. (*two ways*) . . . .

   . . . .

2. Let's get up. (*two ways*) . . . .

   . . . .

3. Let's not stay here. . . . .

4. Let (Have) John do it (*m.*). . . . .

5. May you (*fam. sing.*) have . . . .

   a pleasant trip! . . . .

6. Let's not go to the concert. . . . .

III. Supply *para* or *por*, as required:

1. Tenemos que mandar . . . . los cuadros . . . . colgarlos en la pared. 2. Lola y Clara están viajando . . . . México . . . . primera vez. 3. . . . . cierto las lecciones son difíciles . . . . ellos. 4. . . . . fin ella me trajo un vaso . . . . agua. 5. Salimos . . . . la ciudad de México mañana . . . . la mañana. 6. ¿. . . . . . . quién y . . . . qué fue recomendado Luis? 7. José estaba . . . . terminar el curso cuando sus padres vinieron . . . . él. 8. . . . . lo menos, dale las gracias . . . . las revistas. 9. . . . . lo general toman a María . . . . española. 10. ¡. . . . . . . Dios! Traten Uds. de volver . . . . las seis.

IV. Supply the proper form of the relative pronoun:

1. Esperamos visitar a los estudiantes con . . . . charlamos ayer.
2. Ellas no me devolvieron las notas, ... me pareció extraño.
3. La calle por . . . . andamos es muy hermosa.
4. Las hermanas de Ricardo, ... llegarán mañana, desean estudiar en esta escuela.
5. Pensamos vender esta casa y . . . . está en la esquina.
6. La sala en . . . . nos reunimos está cerrada.

Name . . . . *Section* . . . . *Date* . . . .

V. Write in Spanish:

1. Do you (*pl.*) know anyone who has visited Puerto Rico?

   . . . .

2. We have a friend who knows Peru very well.

   . . . .

3. I don't know anyone who can drive the bus.

   . . . .

4. James hasn't found anything that he likes.

   . . . .

5. Agnes was looking for a room that was near the park.

   . . . .

   . . . .

6. There is no one in the class who has read the article.

   . . . .

   . . . .

VI. Complete the second sentence in each group, using the proper form and tense of the verb to be supplied from the first sentence:

1. Los compré para venderlos. Los compré para que tú los . . . .
2. Le di la carta cuando lo vi. Le daré la carta cuando lo . . . .
3. Nos quedamos hasta que ellos terminaron. Quedémonos hasta que ellos . . . .
4. Aunque llovía, fui al partido. Aunque . . . ., iré al partido.
5. Salí en cuanto oí el timbre. Saldré en cuanto . . . . el timbre.
6. Ana me enseñará la foto cuando ella vuelva del centro. Ana me enseñó la foto cuando ella

   . . . . del centro.

VII. Write in Spanish:

1. You (*pl.*) should learn to help one another.

   . . . .

2. We promised to write to each other every week.

. . . .

3. I don't think they like each other.

. . . .

4. We used to make fun of each other.

. . . .

5. First, the doctor will take your (*fam. sing.*) temperature.

. . . .

6. Did you (*fam. sing.*) say that your foot hurts?

. . . .

VIII. A. Answer affirmatively, using the corresponding demonstrative pronoun, as in the model.

MODEL: ¿Quiere Ud. *este traje*? Sí, quiero ése.

1. ¿Vas a comprar *esos discos*? . . . .
2. ¿Son para Uds. *estas tazas*? . . . .
3. ¿Le gusta a Ud. *esa corbata*? . . . .
4. ¿Invitas a *aquella joven*? . . . .

B. Rewrite, substituting the proper demonstrative before *de* in the italicized phrase:

MODEL: este coche y *el coche de Juan* este coche y el de Juan

1. esas blusas y *la blusa de Lupe* . . . .
2. aquel mapa y *los mapas de Ana* . . . .
3. este cuadro y *el cuadro de Luis* . . . .
4. esas fotos y *las fotos de José* . . . .

C. Write in Spanish:

1. Who is that (*distant*) student, the one with the blue shirt?

. . . .

2. Ann and Thomas may come, although the latter doesn't feel well.

. . . .

. . . .

3. It's difficult to choose between this car and that one (*distant*).

 . . . .

 . . . .

4. Please play these records and John's before turning on the radio.

 . . . .

 . . . .

IX. Write in Spanish:

1. Helen bought several notebooks so that we might take them to class.

 . . . .

 . . . .

2. We will leave early, without telling anything to his roommate.

 . . . .

 . . . .

3. Joe will accept the check provided that he can cash it at once.

 . . . .

 . . . .

4. You (*fam. sing.*) will not get the scholarship unless Mr. Gómez recommends you.

 . . . .

 . . . .

5. I waited until Margaret had chosen the camera.

 . . . .

 . . . .

6. I hoped that most of the students had heard the news.

 . . . .

 . . . .

7. Everybody was afraid that I had missed the plane.

 . . . .

 . . . .

8. We were sure that the students we had invited had had a good time.

. . . .

. . . .

X. Comprehension exercise (taped)

You will hear eight questions in Spanish using vocabulary contained through *Lección doce* of the text. Answer each question in the space provided, in a complete sentence:

1. . . . .

. . . .

2. . . . .

. . . .

3. . . . .

. . . .

4. . . . .

. . . .

5. . . . .

. . . .

6. . . . .

. . . .

7. . . . .

. . . .

8. . . . .

. . . .

Name . . . . Section . . . . Date . . . .

Achievement Test V

(Lección trece – Lección quince)

I. A. Supply the correct form of the verb in parentheses, using the *-ra* form of the imperfect (or pluperfect) subjunctive when that tense is required:

1. Si Margarita (recibir) . . . . el dinero, compraría el vestido.
2. Si Ana y Luisa (ir) . . . . al teatro, se habrían divertido mucho.
3. Si Elena (tener) . . . . más cuidado, no se habría roto el brazo.
4. Si Ud. (leer) . . . . el periódico, vería el anuncio.

B. Write in Spanish, using the *-ra* form of the imperfect (or pluperfect) subjunctive when that tense is required:

5. If I had found Ann, I would have given her the check.

. . . .

. . . .

6. If she were to explain her problem, Mary would try to help her.

. . . .

. . . .

7. If Raymond arrives tomorrow, we will take him to the party.

. . . .

. . . .

8. They talk as if they had lived in Buenos Aires.

. . . .

II. Write in Spanish, using diminutive forms in 1 and 3:

1. You (*fam. sing.*) ought to call your little sister.

. . . .

2. Perhaps Helen has obtained the position.

. . . .

3. I hope (Would that) you (*pl.*) can visit that small town.

. . . .

4. You (*formal sing.*) should ask Paul about the film.

. . . .

5. (How) I wish I had known that before!

. . . .

6. We should pay him as soon as possible.

. . . .

III. A. Rewrite, substituting the long form of the possessive for the prepositional phrase:

1. las primas *de él* . . . .
2. el compañero *de ella* . . . .
3. ese coche *de usted* . . . .
4. aquella idea *de José* . . . .
5. estos planes *de ellos* . . . .
6. este cuadro *de Luisa* . . . .

B. Rewrite, substituting the possessive pronouns for the nouns and modifiers:

1. *Tu casa* es hermosa. . . . .
2. Me gusta *mi radio.* . . . .
3. Miré *los cuadros de Ana.* . . . .
4. *Sus hermanos* son listos. . . . .
5. Él dejó *sus llaves* aquí. . . . .
6. ¿Quién tiene *tus lápices*? . . . .

C. Write in Spanish:

1. Helen's car and mine are near this building.

. . . .

2. "Is this glass yours (*fam. sing.*)?" "Yes, it is mine."

. . . .

3. Take (*fam. sing.*) John's suitcase and yours to the third floor.

. . . .

. . . .

4. Louise and some friends (*m.*) of hers recommend the plan.

. . . .

5. "Are these magazines yours (*pl.*)?" "Yes, they are ours."

. . . .

6. "Is that camera yours (*fam. sing.*)?" "No, it is not mine."

. . . .

IV. Rewrite, using the adjective as a noun:

1. ¿Es de Ud. la blusa blanca? . . . .
2. Nos gustan los discos nuevos. . . . .
3. Estos zapatos negros son caros. . . . .
4. Prefiero la música moderna. . . . .

V. A. Complete with the comparative form of the adjective or adverb:

1. Esta novela es interesante, pero aquélla es . . . .
2. Luis escribe bien, pero Ramón escribe . . . .
3. María canta mal, pero Jorge canta . . . .
4. José tiene poco dinero, pero yo tengo . . . .

B. Write in Spanish:

1. Helen plays tennis better than anyone.

. . . .

2. Mexico City has more inhabitants than we thought.

. . . .

3. I don't think that Havana is as beautiful as Buenos Aires.

. . . .

4. We like this school as much as that one (*distant*).

. . . .

VI. Rewrite two ways, following the model.

MODEL: Leo el libro. (hace una hora) — Hace una hora que leo el libro.
Leo el libro desde hace una hora.

1. Esperan en la cancha. (hace media hora)

. . . .

. . . .

2. No toco la guitarra. (hace varios años)

. . . .

. . . .

3. Trabajamos en la clínica. (hace quince días)

. . . .

. . . .

4. No se escriben Ramón y Luisa. (hace unos meses)

. . . .

. . . .

VII. Write in Spanish:

1. How long have you (*pl.*) been living in this country?

. . . .

2. I applied for a scholarship more than six months ago.

. . . .

3. I received the bill several days ago.

. . . .

4. George had been in his room for about fifteen minutes when the doctor arrived.

. . . .

. . . .

Name .... Section .... Date ....

VIII. Rewrite, giving an alternate verb or expression for the one in italics:

1. Juan *va a buscar* un puesto. ....
2. *Serán* las ocho y media. ....
3. *Hay que* entregar los cuadernos. ....
4. *Yo quisiera* escuchar esa música. ....
5. *Dicho eso,* Ana comenzó a cantar. ....
6. *Apenas hube comido,* fui al centro. ....

IX. Write in Spanish:

1. "Could Clara stay a while?" "I don't know. I'll ask her."

   ....

   ....

2. We should (would) like to meet your (*formal sing.*) sister.

   ....

3. They must have seven or eight children.

   ....

4. They didn't present the painting to Paul, but to John.

   ....

   ....

5. Will you (*fam. sing.*) help me open the windows?

   ....

6. I'm afraid we have only six glasses.

   ....

7. I am gradually learning the different forms of the verbs.

   ....

   ....

8. "Is Michael an engineer?" "Yes, he is."

   ....

9. The bad thing is that we haven't had breakfast.

. . . .

10. Have them serve lunch as rapidly as possible.

. . . .

X. A. Change the infinitive to the command form corresponding to *vosotros, -as:*

1. Escribir estas palabras. . . . .
2. No pedir nada. . . . .
3. Acercarse a la mesa. . . . .
4. Ponerse el abrigo. . . . .

B. Express in Spanish, using forms corresponding to *vosotros, -as:*

1. Tell me the news. . . . .
2. Don't be afraid. . . . .
3. Go away early. . . . .
4. Don't get dressed yet. . . . .

XI. Comprehension exercise (taped)

You will hear eight questions in Spanish using vocabulary contained in the regular lessons of the text. Answer each question in the space provided, in a complete sentence:

1. . . . .

. . . .

2. . . . .

. . . .

3. . . . .

. . . .

4. . . . .

. . . .

5. . . . .

. . . .

6. . . . .

. . . .

Name .... *Section* .... *Date* ....

7. ....

....

8. ....

....

1 2 3 4 5 6 7 8 9 0